HISTORIQUE

DE LA

GUERRE

Prix :

0 fr. 25

Fascicule n° 1

PAR

Ferdinand BAUDOUIN

Ancien Officier de Réserve
e paix à Ruffec, Maire de Couture-d'Argenson (2-Sèvres)
Officier de l'Instruction Publique

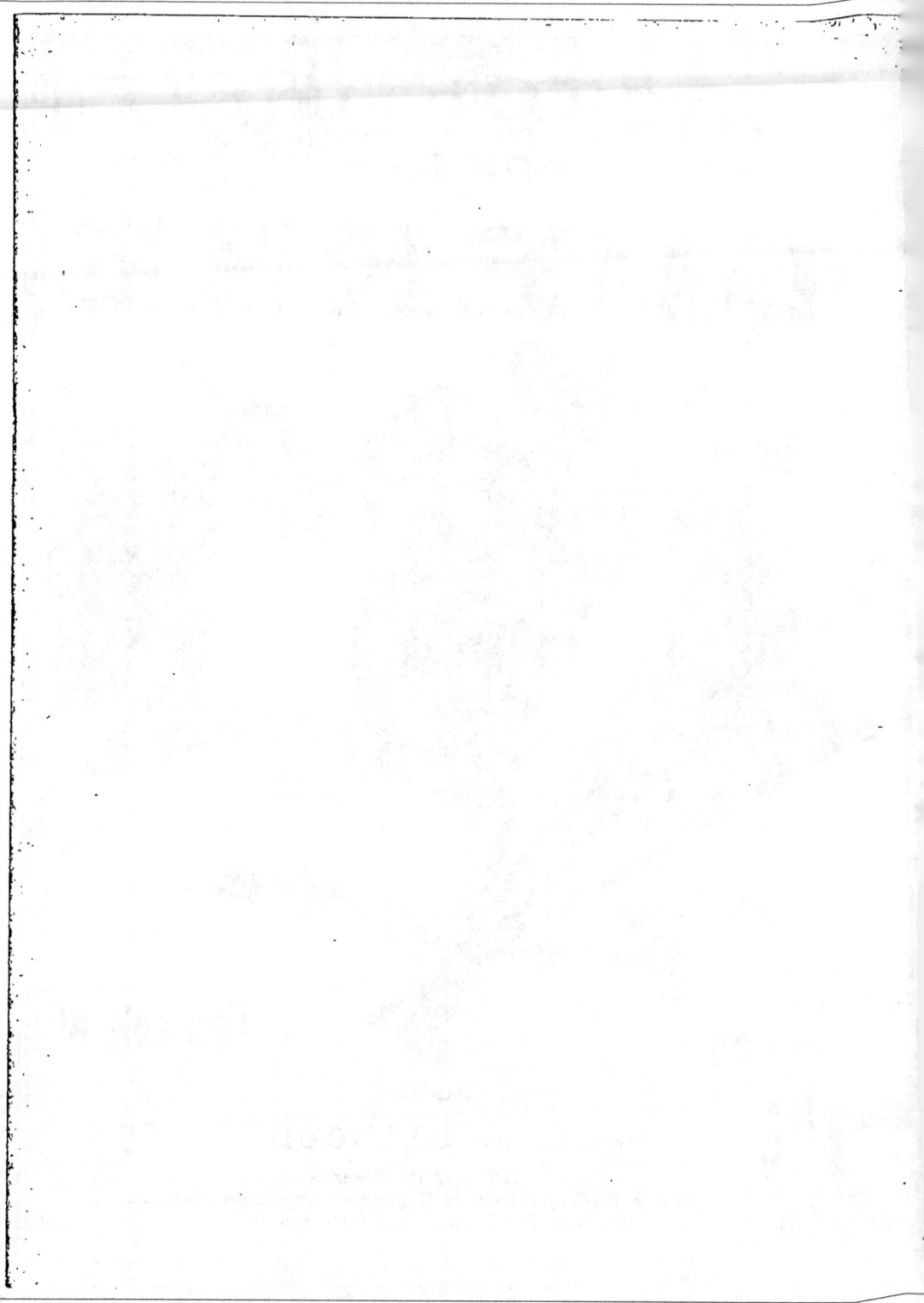

HISTORIQUE

DE

LA GUERRE

PAR

Ferdinand BAUDOUIN

Ancien Officier de réserve,
Juge de Paix à Ruffec, Maire de Couture-d'Argenson,
Officier de l'Instruction Publique.

ONZIÈME PARTIE

Prise du château de Vermelles par les Français.
Les Allemands essayent, sans succès, de passer l'Yser.
Prise de Belgrade par les Autrichiens.
Entrevue, au quartier général anglais, du Président de la République et du roi George V.
Des aviateurs français jettent des bombes sur la gare de Fribourg (Allemagne).
Violente bataille et succès français près de Thann.
Nouveau bombardement de Reims.
Progrès sensibles des Français en Argonne.
Un aéroplane allemand jette des bombes sur Hazebrouck.
Les Serbes rejettent les Autrichiens vers Valjevo.
Un aviateur français jette une proclamation sur Anvers.

NIORT

IMPRIMERIE TH. MARTIN

Rue Saint-Symphorien

—

1915

HISTORIQUE DE LA GUERRE

1er DECEMBRE 1914

Entrevue, au quartier général anglais, du Président de la République et du roi d'Angleterre George V. — Prise du château de Vermelles par les Français. — Les Russes s'emparent de Szczercow (Pologne).

Situation des armées sur le front occidental

Il est de toute évidence que les Allemands préparent un mouvement quelconque contre les alliés. Il est presque impossible d'admettre qu'ils se retirent en arrière, sur les points qu'ils ont fortifiés, quoique certains bruits circulent toujours à ce sujet. Les Anglais persistent toujours à croire à une furieuse attaque sur le front Ypres, Lille et Arras, et leurs journaux en font mention, mais il est très admissible que cette attaque ne se produise dans toute son intensité que lorsque l'état-major allemand sera fixé sur l'issue de la bataille qui se livre maintenant en Pologne. Un télégramme privé, de Boulogne-sur-Mer, laisse prévoir une attaque prochaine sur Arras-Lille et il prétend que 700.000 Allemands sont massés dans cette région. Un autre télégramme d'Amsterdam qui relate certains propos tenus par des officiers allemands et qui donnent à croire qu'un engagement aura lieu prochainement à Ypres.

Les télégrammes officiels nous font connaître que l'ennemi a montré une assez grande activité au nord d'Arras, qu'il a essayé sans succès une attaque au sud de Bixschoote et qu'entre Béthune et Lens, à la suite d'un combat sérieux, les alliés se sont emparés du château et du parc de Vermelles. Est-ce le début de la bataille annoncée depuis plusieurs jours ? Ce n'est pas encore certain.

Entre temps, le Président de la République, accompagné des Présidents du Sénat, de la Chambre et du conseil des ministres accomplit son voyage sur le front des armées ; le 28, il a visité le fort de Girouville et les lignes de défense de la place de Toul ; le 29, il a parcouru, sous la conduite du général Dubail, une majeure partie du Grand-Couronné de Nancy ; l'après-midi, il a visité Lunéville et Gerbeviller.

F. B.

Nouvelles diverses publiées par les journaux

— On télégraphie de Copenhague que deux aviateurs allemands, venant de Brunsbuttel, sont tombés dans la mer le 30 novembre, au large de l'île Fanoé. Ils ont été recueillis par des marins danois et internés par ordre de l'autorité.

— On annonce que le général Berthelot a été fait officier de la Légion d'honneur le 20 novembre. Il vient d'être nommé général de division. C'est, paraît-il, le bras droit du généralissime.

— *En Russie.* — Le télégramme officiel du grand état-major fait connaître que, au nord de Lowicz, l'offensive russe a été couronnée de succès ; qu'à Szczercow une brigade d'infanterie de la garde prussienne avec cinq batteries d'artillerie a été délogée et jetée dans une fuite désordonnée. Ces nouvelles sont très rassurantes. Pendant les combats de Lodz, les régiments de cosaques de Sibérie se sont couverts de gloire, aucun obstacle ne les arrêtait et c'est à eux que l'armée russe doit en partie la victoire de Lodz.

Au cours des combats de Pologne, les Russes se sont emparés de charrues à vapeur employées par les Allemands pour ouvrir des tranchées.

— *En Turquie d'Asie.* — Une colonne russe a pris l'offensive, le 27 novembre, dans la vallée de l'Euphrate et a délogé les Turcs des positions qu'ils occupaient.

— On annonce que le roi d'Angleterre est en France où, accompagné du prince de Galles, son fils, il visite les troupes anglaises.

Documents historiques, récits et anecdotes

— CE QUI S'EST PASSÉ SUR LE FRONT DE NOS ARMÉES DU 21 AU 27 NOVEMBRE (OFFICIEL). — La situation générale ne s'est pas sensiblement modifiée du 21 au 27 inclus.

L'ennemi s'est usé en attaques partielles sans résultat. Nos contre-attaques lui ont infligé de grosses pertes et nous ont valu quelques gains.

De la mer à la Lys. — Les attaques de l'ennemi ont été très intermittentes ; le 23, le 24 et le 25, l'artillerie allemande a été généralement silencieuse.

Le gros effort des Allemands a porté sur la destruction d'Ypres. La vieille et magnifique cité a été condamnée à mort le jour où l'empereur a dû renoncer à l'espoir d'y faire son entrée.

Les batteries ne suffisant pas à l'œuvre de ruine, l'ennemi a conduit à Houthem un train blindé. Le 22 et le 23, sous la direction d'un ballon captif, ce train a tiré sans arrêt des obus explosifs et des obus incendiaires. La cathédrale, le beffroi, les halles se sont successivement effondrés. Le 23 au soir, la grande place n'était qu'un amas de décombres.

Le tir a été continu pour empêcher les secours. Mais nos sapeurs du génie, travaillant sous les obus, ont réussi à sauver de nombreux habitants, les archives de la ville et quelques tableaux du musée.

Le 24 et le 25, nous avons réussi, au sud de Dixmude, à nous installer sur la rive droite de l'Yser. Malgré les coups de fusils de l'ennemi, nos troupes se sont maintenues sans difficulté.

Plus au sud, un de nos corps d'armée a gagné, sur tout le front, 200 mètres et a maintenu son gain.

Quelques-uns de nos fantassins, dont deux comprenant l'allemand, ayant rampé une nuit jusqu'à une tranchée allemande, ont entendu les officiers donner l'ordre d'attaquer. Les soldats ont répondu par des prières et des supplications. Sur quoi, plusieurs coups de revolver ont été tirés dans la tranchée et les hommes ont attaqué, très mollement d'ailleurs.

Nous avons remarqué au surplus que les rares attaques d'infanterie allemande qui se sont produites ont toujours été menées par des unités très réduites, fortement encadrées d'officiers. Il semble que ces précautions spéciales soient nécessaires pour faire sortir les fantassins allemands de leurs tranchées.

Les projectiles de l'artillerie allemande éclatent mal. L'ennemi s'est servi, au cours de cette semaine, de canons français pris à Maubeuge. Il a, comme la semaine précédente, tiré aussi à diverses reprises des projectiles d'exercice.

Notre infanterie, à l'inverse de l'infanterie ennemie, est très ardente. Elle a pris, le 25, devant Festubert, trois mitrailleuses, un obusier léger, 160 hommes et 3 officiers.

A signaler l'exploit suivant d'une de nos patrouilles. Cette patrouille était chargée de faire, la nuit, la reconnaissance du village de Woumun (au sud de Dixmude) occupé par l'ennemi. Elle avait tenté de passer à travers champs. Mais elle avait de l'eau, tantôt jusqu'à la tête, tantôt jusqu'aux genoux. Elle suivit la route en rampant le long des talus et arriva au village qu'elle trouva fortement occupé.

A ce moment, paraît une patrouille ennemie. Nos douze fantassins la laissent approcher à dix mètres et tirent en criant : « En avant ! à la baïonnette ! » Cinq Allemands tombent, les autres s'enfuient. Mais, de notre côté, le sergent a sept balles dans le corps. Il dit à ses hommes de le laisser là. Ils refusent et le ramènent dans nos lignes où il a reçu la médaille.

A citer aussi ce mot d'un zouave mourant. Se sentant perdu, il appelle un officier. Il lui dit avec précision tout ce qu'il a pu voir des tranchées ennemies, de leur position, de celle des mitrailleuses et des fils de fer. Puis il tombe en murmurant : « Si j'y reste, je voudrais au moins que ça serve à quelque chose. »

La guerre de tranchées comporte d'ailleurs une dépense d'audace et de courage qu'on ne soupçonne pas. Par exemple ces simples mots : « développement de l'organisation défensive » imposent aux hommes un effort plus pénible que celui du combat. Pour aller, dans la nuit, sans bruit, planter des pieux, poser les ronces artificielles, au risque, dès qu'on est entendu, d'être tué par les mitrailleuses allemandes, dont les fusées éclairantes guident le tir, il faut un sang-froid de premier ordre. Or, dans toutes nos unités, il y a pour ce travail plus de volontaires qu'il n'en faut.

Nos recrues sont très crânes. Les colonels leur ont fait jurer fidélité au drapeau. Elles ont excellent esprit et belle allure.

Les tranchées ont, d'autre part, été perfectionnées, asséchées et chauffées. Les routes ont été réparées et la circulation y est redevenue très facile. Des chaussures de tranchées en bois, en paille ont été fabriquées. La vie s'organise petit à petit, grâce à l'inépuisable ingéniosité de nos hommes et à l'initiative de nos officiers.

On a eu sur notre front une petite déception à constater que les Allemands n'ont pas été, le 25 novembre, plus actifs que les jours précédents. On espérait, pour ce jour-là, une grande journée, car on avait relevé les dates suivantes : 25 août, attaque de la Semoy ; 25 septembre, attaque sur Reims ; 25 octobre, attaque sur Ypres.

Au total, notre situation matérielle et morale de la mer la Lys est excellente.

De la Lys à l'Oise. — L'ennemi n'a pas montré, sur cette partie du front, plus d'activité que dans le secteur Nord. Aucune attaque d'infanterie ; attaques d'artillerie très intermittentes et très molles.

Notre artillerie, pendant cette semaine, a maintenu son avantage.

Le 22, nos pièces lourdes, près de La Bassée, ont éteint complètement le feu des batteries ennemies. Le 24, dans la même région, même succès. Le 25, nous avons détruit à l'ennemi, après repérage par avions, deux mitrailleuses.

Notre infanterie a obtenu de brillants résultats. Il est à noter que tout progrès qu'elle fait est aussitôt consolidé par l'établissement d'une tranchée.

A Liévin, le 21, elle a mené à bien une audacieuse opération préparée à la sape.

Elle a envahi une tranchée allemande, y a tué 200 hommes et s'y est installée après avoir brûlé en avant deux observatoires d'artillerie.

Le même jour, nos coloniaux ayant perdu une tranchée, ont tenu à la reprendre eux-mêmes et eux seuls. L'ennemi avait des mitrailleuses. Nos marsouins, avec des pétards à la mélinite, bouleversèrent la tranchée et s'y jetèrent. Ils y sont restés, bien qu'à l'extrémité une section allemande eût réussi à se maintenir.

Un de nos hommes en mourant a demandé à son capitaine : « Au moins, on n'a pas reculé ? »

Toutes ces attaques ont été exécutées à la baïonnette. Le 2 novembre, 200 zouaves, tous des volontaires, ont été chargés, non loin d'Arras, d'enlever une tranchée allemande qui prenait d'enfilade certaines des nôtres. A un coup de sifflet, ils ont sauté sur l'ennemi qu'ils ont surpris, et, selon l'expression de l'un d'eux « proprement embroché ». Ils n'ont eu que 2 tués.

Nos hommes ont, d'autre part, transformé leurs positions en véritables forteresses. Ils ont maintenant le goût du travail défensif, qui leur manquait au début de la campagne.

Dans ce secteur on a fait d'assez nombreux prisonniers, dont l'état d'esprit est étonnant ; presque tous croient que Paris est pris et Verdun aussi. Les lettres d'Allemagne trouvées sur ces prisonniers respirent l'inquiétude et le mécontentement.

Toutes ces lettres parlent de l'énormité des pertes subies et du renchérissement formidable du prix de la vie.

De l'Oise aux Vosges. — C'est dans ce dernier secteur que l'ennemi, dans ses communiqués, déclare avoir montré le plus d'activité et obtenu le plus de succès.

Quant aux résultats, il n'en a obtenu aucun. Les seuls qu'il puisse légitimement revendiquer sont des destructions de monuments, systématiquement poursuivies, comme à Ypres, au moyen d'obus incendiaires ; bombardement de Soissons le 21 et le 22 ; incendie, le même jour, du château de Soupir ; bombardement de Reims, les 22, 25 et 26, ce dernier jour pendant une visite faite dans cette ville par des journalistes de pays neutres, auprès desquels un habitant a été tué. Toutes les canonnades sont d'ailleurs dépourvues d'importance militaire.

Notre artillerie, au contraire, a obtenu des succès plus substantiels. Le 22, elle a détruit, dans le Soissonnais, des passerelles allemandes ; dans la région de Reims, elle a détruit un « Aviatik » et éteint plusieurs batteries, dont deux pièces ont été détruites. Un personnage, sans doute important, qui arrivait ce jour-là au fort de Fresnes avec plusieurs autos, a été blessé par un obus de 75.

Le 23, près de Cerny-en-Laonnois, nous avons démoli à l'ennemi quatre canons et deux autres le même jour à l'est de l'Argonne. Le 24, dans la même région, ce sont les abris à mitrailleuses de l'ennemi qui ont subi le même sort.

Le 26, à Vendresse, l'artillerie ennemie a dû se taire devant la nôtre.

Certaines actions d'infanterie sont intéressantes à noter.

engagée sur l'Yser. Il faut bien faire quelque chose pour faire voter par ce Parlement les crédits de guerre. En réalité, nous ne voyons rien qui ressemble de près ou de loin à la grande bataille. Il se peut cependant que les Allemands tentent de percer la ligne des alliés, mais il se peut également que les mouvements de troupes qui s'exécutent en Belgique ne soient destinés qu'à empêcher le débordement de leur aile gauche par les alliés. Toutes les troupes qui arrivent à Bruges sont dirigées aussitôt dans la direction d'Ypres, on pourrait croire à un remaniement complet du front de bataille allemand en raison du peu d'activité sur la ligne de bataille.

En effet, que nous signalent les communiqués officiels d'aujourd'hui ?

En Belgique, violent bombardement à l'ouest de Dixmude, sur Lampernesse ; attaque ennemie, repoussée du reste, sur une tranchée conquise la veille par nos troupes, à Saint-Eloi, au sud d'Ypres ; bombardements violents dans d'autres régions, et c'est tout. Ce n'est donc pas la grande bataille annoncée à Berlin. Par contre, un télégramme de Rotterdam nous dit que le bombardement d'Ostende et de Zeebrugge par les flottes alliées, dans la journée du 30 novembre, a amené la suspension des travaux de montage des sous-marins allemands.

Le communiqué de ce soir nous confirme ce qui avait été annoncé hier par les journaux concernant notre avance en Alsace. Il est dit que nos troupes ont enlevé Aspach-le-Haut et Aspach-le-Bas, au sud-est de Thann.

F. B.

Nouvelles diverses publiées par les journaux

— On annonce de Copenhague que plusieurs navires de guerre allemands sont passés de la mer Baltique dans la mer du Nord et qu'une grande activité règne à Kiel, où on travaille à la construction de sous-marins et de batteries flottantes.

— Une enquête vient d'être faite par le préfet de la Côte-d'Or à Curley, canton de Gevrey-Chambertin. Il résulte de déclarations reçues et de pièces authentiques que la forêt de Menthuau, commune de Curley, a été achetée en 1912 par un allemand nommé Hunck. Il existe dans cette forêt un poste de télégraphie aérienne qui aurait pu facilement être transformé en poste de télégraphie sans fil; on a trouvé une plateforme qui aurait pu recevoir une nombreuse artillerie dirigée contre Dijon et la voie ferrée. On a la conviction de se trouver en présence de dispositions prises en vue de l'invasion allemande.

— Le Président de la République, accompagné de M. Viviani, président du conseil, et du général Joffre, s'est rendu hier, 1er décembre, au quartier général anglais, où il a rencontré le roi d'Angleterre. Le roi et le Président se sont rendus dans une même automobile sur le front de l'armée anglaise. Le général Joffre a ensuite rejoint son quartier général. Le roi a retenu à dîner le Président de la République. Dans la nuit, le Président est parti pour Paris, où il est arrivé aujourd'hui.

— *En Russie.* — Une nouvelle bataille est engagée entre les troupes allemandes et russes à Lask, au sud-ouest de Lodz. Sur le reste du front, les combats continuent avec le même acharnement.

— *En Serbie.* — Les armées serbes battent en retraite en présence des grosses forces autrichiennes. Dans la journée du 29 novembre, on n'a signalé que des combats d'arrière-garde.

— Un télégramme de Londres annonce qu'on a reçu hier une dépêche de M. Také Jonesco disant : « Il est certain que la Roumanie se joindra aux puissances de la Triple-Entente, il ne reste plus à fixer que la date précise. »

Si cette nouvelle est exacte, il faut s'attendre sous peu à l'entrée en ligne des puissances balkaniques.

Documents historiques, récits et anecdotes

— M. Stephen Pichon commente dans le *Petit Journal* la publication du Livre jaune qui vient d'être publié par le ministère de la guerre français et qui s'étend sur la période comprise entre mars 1913 et le 3 août 1914.

Il résume ainsi les points principaux de ce document, qui est l'histoire authentique des événements qui ont précédé la guerre actuelle.

LE LIVRE JAUNE FRANÇAIS

I. — *Avertissements.* — Le 17 mars 1913, M. Jules Cambon et les attachés militaires mentionnent les manifestations auxquelles donne lieu, au-delà du Rhin, la célébration du centenaire de la campagne contre le premier Empire. Ils indiquent les projets de l'état-major prussien qui tous prévoient « une offensive foudroyante contre la France ».

Deux jours plus tard, une note confidentielle, qui émane de cet état-major et qui est tombée entre nos mains, expose le plan de la guerre prochaine. Elle aura pour but de « fortifier et étendre la domination de l'Allemagne dans le monde entier ». Il faudra « susciter des troubles dans le Nord de l'Afrique et en Russie », avoir pour cela « des gens influents en Egypte, à Tunis, à Alger, au Maroc », préparer les soulèvements « soigneusement et par des moyens matériels », s'arranger pour qu'ils « éclatent simultanément avec la destruction des moyens de communication ». Ils devront avoir « une tête dirigeante, que l'on peut trouver dans des chefs influents, religieux et politiques ».

Il faudra aussi (*retenez bien l'aveu*) « que les petits Etats soient contraints à suivre l'Allemagne, ou soient domptés. Dans certaines conditions, leurs armées et leurs places fortes peuvent être rapidement vaincues ou neutralisées, *ce qui pourrait être vraisemblablement le cas pour la Belgique et la Hollande*, afin d'interdire à l'ennemi de l'Ouest

— c'est-à-dire la France — un territoire qui pourrait lui servir de base d'opération ». Il faudra « *concentrer une grande armée, suivie de fortes formations de landwehr, qui détermineront les armées des petits États à suivre l'Allemagne, ou tout au moins à rester inactives sur le théâtre de la guerre, et qui les écraseraient en cas de résistance armée* ».

Quelle devra être la conclusion de la guerre? Voici ce qu'en dit textuellement la note allemande : « *Nous nous souviendrons que les provinces de l'ancien empire allemand : comté de Bourgogne et une belle part de la Lorraine sont encore aux mains des Francs; que des milliers de frères allemands des provinces baltiques gémissent sous le joug slave. C'est une question nationale de rendre à l'Allemagne ce qu'elle a autrefois possédé...* »

Le 6 mai 1913, M. Jules Cambon rapporte une conversation du général de Moltke, chef d'état-major général, disant : « *Lorsque la guerre est devenue nécessaire, il faut la faire en mettant toutes les chances de son côté. Le succès seul la justifie. L'Allemagne ne peut ni ne doit laisser à la Russie le temps de mobiliser... il faut prévenir notre principal adversaire dès qu'il aura neuf chances sur dix d'avoir la guerre, et la commencer sans attendre pour écraser brutalement toute résistance.* »

Le 22 novembre 1913, une dépêche de notre ambassadeur à Berlin rend compte d'une conversation que Guillaume II vient d'avoir avec le roi des Belges, en présence du général de Moltke. L'empereur a déclaré « *qu'il en est venu à penser que la guerre avec la France est devenue inévitable* et qu'il faudra en venir là un jour où l'autre. Il croit à la supériorité écrasante de l'armée allemande et à son succès certain ». Le roi Albert — qui avait, comme on voit, ses raisons de songer à la défense de la neutralité belge — a trouvé son interlocuteur « vieilli, surmené, irritable ». Le but de Guillaume II était sans doute de l'impressionner et de l'amener à ne pas opposer de résistance le jour où le conflit avec nous se produirait. L'événement a montré l'erreur capitale qu'il a commise.

Enfin, une note officielle française, datée du 30 juillet 1913, expose l'état de l'opinion publique en Allemagne. Elle constate que tous les Allemands à peu près croient à la guerre. La plupart la veulent : les uns parce qu'elle est « inévitable », les autres parce qu'elle est « nécessaire » pour des raisons économiques et sociales (surpopulation, surproduction, besoin de marchés et de débouchés, diversion à l'extérieur pour retarder la montée socialiste). D'autres croient que le temps travaille pour la France, d'autres sont belliqueux par « bismarckisme », d'autres encore par haine de la France « révolutionnaire ». Hobereaux, bourgeois, grands marchands, banquiers en viennent à penser que la guerre serait « une bonne affaire ». L'Université développe « une idéologie guerrière ». Historiens, économistes, sociologues, philosophes, publicistes, apologistes de la « culture allemande » veulent imposer au monde « une manière de sentir et de penser qui soit spécifiquement allemande ».

Quant aux diplomates, ils sont partisans de la guerre « par rancune ». Ils sont fatigués d'avoir « une mauvaise presse dans l'opinion », d'avoir vu échouer depuis tantôt dix ans toutes leurs manœuvres, d'être accusés d'avoir procuré à la France « une victoire diplomatique » en lui cédant (à quel prix! nous ne l'avons pas oublié) le droit de conquérir le protectorat du Maroc. A leur tour, ils rêvent « la revanche ». L'opinion générale est que l'Allemagne ne doit pas déclarer la guerre « *mais contraindre par tous les moyens la France à l'attaquer* ».

II. — *L'ultimatum autrichien.* — C'est le 28 juin 1914 que se produit l'assassinat de l'archiduc héritier Ferdinand et de sa femme, la comtesse de Hohenberg. C'est le 23 juillet que l'ultimatum de l'Autriche à la Serbie est remis au gouvernement de Belgrade.

Entre ces deux dates, les documents du *Livre Jaune* établissent les préparatifs de guerre du gouvernement de Vienne, l'envoi de canons et de munitions en masse vers la frontière (dépêche de notre consul général à Budapest en date du 11 juillet). Dans un article officieux, transmis par notre ambassadeur à Vienne, le principal organe autrichien s'exprime en ces termes : « Puisqu'un jour nous devons accepter la lutte, provoquons-la tout de suite. » A la même date, la *Nouvelle Presse Libre* réclame « l'extermination de la maudite race serbe ».

La Bourse baisse à Berlin et à Vienne. Des rumeurs pessimistes circulent. Le bruit qu'une note comminatoire va être envoyée au gouvernement de Belgrade se répand. Interrogé le 22 juillet par M. Jules Cambon, le ministre des affaires étrangères d'Allemagne affirme (notre ambassadeur lui en manifeste sa surprise) qu'il ignore le libellé de cette note. Le même jour, l'Angleterre intervient pour donner à l'Autriche des conseils de modération et de sagesse.

Le 23 juillet, le gérant du ministère des affaires étrangères d'Autriche assure notre ambassadeur « que le ton et les demandes qui seront formulées permettent de compter sur un dénouement pacifique ». A Munich, le président du conseil de Bavière déclare à notre ministre que « la note, *dont il a connaissance*, est, à son avis, rédigée dans des termes acceptables pour la Serbie ».

Il faut noter ici que le 16 juillet, M. Poincaré et le Président du Conseil, ministre des affaires étrangères, sont partis pour la Russie. Leur voyage à Saint-Pétersbourg doit être suivi d'arrêts à Copenhague, Stockholm et Christiania. Ils sont dans la baie de Réval le 24 juillet, c'est-à-dire le jour où l'Autriche fait savoir aux puissances qu'elle vient de remettre à la Serbie l'ultimatum qui sera le prétexte de la guerre. Ce jour-là, M. Viviani envoie à Paris des instructions prescrivant une démarche qui serait faite à Vienne par la Russie, la France et l'Angleterre. Ces instructions arrivent après la remise de l'ultimatum.

On se rappelle les termes et les dispositions de cette

pièce qui, suivant les expressions de sir Edward Grey, constituait « la déclaration la plus formidable qui ait été faite par un gouvernement à un autre ». Elle contenait des exigences auxquelles la Serbie ne pouvait accéder sans se supprimer elle-même de la liste des nations indépendantes. Elle fixait un délai de 48 heures pour son acceptation pure et simple.

Le premier soin de l'Allemagne fut d'appuyer énergiquement cette mise en demeure à Paris. M. de Schœn vint dire au ministère des affaires étrangères, où la direction politique était fort heureusement confiée à un agent de premier ordre, M. Philippe Berthelot, que si la Serbie ne cédait pas, il ne resterait sans doute au gouvernement austro-hongrois qu'à recourir à tous les procédés de pression nécessaire « y compris, au besoin, des mesures militaires dont le choix doit lui être laissé ». En même temps, le gouvernement allemand nous notifiait qu'il « désirait ardemment » une localisation du conflit, « toute intervention d'une autre puissance devant, par le jeu naturel des alliances, provoquer des conséquences incalculables ».

Nous étions donc prévenus : ou l'Autriche serait maîtresse absolue de ses mouvements, ou nous irions à la guerre.

Même langage à Berlin de la part de M. de Jagow. Le ministre des affaires étrangères de l'Empire dit, le 24 juillet, à M. Jules Cambon « qu'il approuve la note ». Il compte que « les amis de la Serbie lui donneront de bons conseils », — c'est-à-dire qu'ils l'inviteront à se suicider.

A Londres, le gouvernement persévère dans la conduite qu'il a constamment suivie et dont il ne se départira pas un instant jusqu'à l'explosion du conflit. Il recherche tous les procédés de médiation. Il suggère l'idée d'une action conciliatrice de l'Angleterre, de la France, de l'Italie et de l'Allemagne. Le 25 juillet, l'ambassadeur de Guillaume II, le prince Lichnowsky, informe sir Edward Grey que « son

gouvernement refuserait de s'immiscer entre l'Autriche et la Serbie ».

Cependant, à Saint-Pétersbourg, on manifeste les dispositions les plus modérées et les plus conciliantes. « J'estime, dit M. Sazonow à notre ambassadeur, que, *même si le gouvernement austro-hongrois passait à l'action,* nous ne devrions pas rompre les négociations. » Ce sera jusqu'au dernier jour l'attitude du gouvernement russe.

La Russie, l'Angleterre et la France s'efforcent vainement d'obtenir une prolongation de délai pour la Serbie. Elle est refusée. Le gouvernement de Belgrade remet à celui de Vienne une réponse qui est une acceptation à peu près totale des conditions invraisemblables qui lui avaient été posées. Pour celles qui ne lui paraissent pas admissibles, il propose un arbitrage.

Tandis qu'on hausse constamment le ton à Berlin et à Vienne, sans autre but apparent que de déterminer une rupture, M. Sazonow persiste à faire savoir qu'il négociera jusqu'au bout. Il y a d'autant plus de mérite que les préparatifs d'agression continuent en Allemagne et en Autriche. Le 26 juillet, notre ministre à Christiania nous informe que « toute la flotte allemande en Norvège reçoit l'ordre de prendre la mer ». Notre chargé d'affaires à Luxembourg, notre consul général à Bâle nous avertissent que les quatre dernières classes allemandes libérées sont invitées à se mettre aux ordres des autorités militaires, que les officiers doivent interrompre leurs congés, que les automobiles sont réquisitionnées dans le grand-duché de Bade.

Néanmoins, le même jour, M. de Schœn vient proposer à M. Berthelot d'examiner la situation « dans l'esprit le plus amical et *dans un sentiment de solidarité pacifique* ». — M. Berthelot lui répond, avec autant de justesse que d'à propos que « l'attitude de l'Allemagne ne peut s'expliquer que si elle tend à la guerre ». Il lui fallait, en effet, une dose de naïveté égale au moins à sa fourberie pour supposer que nous pourrions être dupes de son jeu. Il consistait, d'une façon par trop évidente, à nous compromettre dans une action à Saint-Pétersbourg tout en refusant toute intervention à Vienne, à nous isoler de la Russie et de l'Angleterre pour rejeter ensuite sur le gouvernement russe l'entière responsabilité des événements qui devaient en résulter.

III. — *L'Autriche entre en guerre.* — La duperie n'a réussi ni à Paris, ni à Londres, ni à Pétersbourg. Le 27 juillet, sir Edward Grey dit à l'ambassadeur d'Allemagne que si l'Autriche envahissait la Serbie après la réponse serbe, « il se poserait une question européenne et il s'ensuivrait une guerre à laquelle toutes les puissances prendraient part ».

L'Autriche passe outre. Ele remet le jour même aux puissances un mémoire qui est un réquisitoire violent contre la Serbie, dont elle rejette la réponse, et déclare que, le lendemain, elle prendra les mesures qu'il appartiendra pour obtenir toute satisfaction.

Sans se décourager, M. Sazonow continue à se montrer prêt à toutes négociations. Le 29, il dit encore à M. Paléologue qu'il « acquiesce à toutes les procédures que la France et l'Angleterre lui proposeront pour sauvegarder la paix. » Il a personnellement recouru à tous les moyens de conciliation : médiation, pourparlers directs avec Vienne, conseils d'extrême sagesse à la Serbie, etc... Tout échoue. Secrètement l'Allemagne poursuit sa mobilisation. Notre consul général à Francfort, notre ministre à Munich nous signalent ses mouvements de troupes, ses transports de canons, ses réquisitions, le rappel de ses sous-officiers, la garde de ses ponts et de ses chemins de fer.

De son côté — ouvertement cette fois — l'Autriche mobilise. La Russie est alors amenée à en faire partiellement autant. Elle donne des instructions en conséquence à Odessa, Kiew, Moscou et Kazan. L'Allemagne lui fait alors déclarer par son ambassadeur que « si elle n'arrête pas ses préparatifs, l'armée allemande recevra l'ordre de mobiliser ».

IV. — *L'ultimatum allemand à la Russie.* — Ceci se passe le 29 juillet. Jusqu'à ce moment, M. Poincaré et M. Viviani ont été absents. Ils ont poursuivi leur voyage de Reval en Suède, et ne l'ont interrompu qu'à Copenhague, où ils se sont excusés de ne pouvoir rendre visite au roi de Danemark en raison des événements. Ils ont renoncé de même à aller en Norvège. Ils rentrent à Paris à l'heure où se produit la mise en demeure de l'Allemagne à la Russie et où les événements vont se précipiter.

Ils y sont à peine, en effet, que les informations les plus significatives sur les mesures de guerre décidées et réalisées par le gouvernement de Berlin parviennent au quai d'Orsay. Le 30 juillet, M. Viviani peut les résumer dans un télégramme adressé à notre ambassadeur à Londres: Des dispositifs de couverture ont été pris contre nous à notre frontière, sur tout le front du Luxembourg aux Vosges, les troupes de Metz, renforcées par des garnisons de l'intérieur, ont été avancées à quelques centaines de mètres de notre territoire, l'armement et la mise en état des places ont été commencées, les gares ont été occupées militairement, les réservistes ont été rappelés par convocations individuelles, les routes ont été barrées, les automobiles ne circulent qu'avec un permis, l'armée a ses avant-postes sur nos bornes-frontières, des patrouilles ont déjà pénétré sur notre sol, les Alsaciens-Lorrains annexés ont défense de passer en France sous peine d'être fusillés.

Tandis que, malgré tout, M. Sazonow cherche, dans ses pourparlers directs, un terrain d'entente avec Vienne, les troupes autrichiennes bombardent Belgrade, d'où le gouvernement serbe s'est retiré. Et pendant que se produisaient ces faits de guerre, l'empereur Guillaume télégraphie au tsar « pour lui garantir les dispositions conciliantes de l'Autriche, si la Russie cesse ses préparatifs militaires ». Le tsar remercie l'empereur d'Allemagne « de son intervention qui ouvre la possibilité d'une solution pacifique ». C'était, hélas ! compter sans l'indignité des procédés allemands.

Un télégramme de notre ministre à Luxembourg ne laissait, à cet égard, aucun doute. M. Mollard venait (31 juillet) d'être informé par le gouvernement luxembourgeois que l'Allemagne avait fermé les ponts sur la Moselle avec des voitures et avec des cordes, et qu'elle ne laissait plus sortir de Prusse ni blé, ni bétail, ni automobiles.

Pourtant, nous nous accrochions à toutes les tentatives d'arrangement pacifique. Nous voulions espérer contre l'espérance. Nous nous unissions à l'Angleterre pour suggérer un dernier projet de médiation, qui supprimerait les objections faites aux précédents par l'Allemagne. Le gouvernement russe se joignait à nous.

Mais, le 31 juillet, notre ambassadeur à Vienne nous avisait que les gouvernements d'Autriche et de Hongrie avaient décrété « la mobilisation générale atteignant tous les hommes de 19 à 42 ans ». Le même jour, notre ambassadeur à Saint-Pétersbourg nous faisait savoir que « la Russie ne pouvait, sans le plus grave danger, se laisser devancer davantage » et que, « pour des raisons stratégiques impérieuses, elle ne pouvait plus, sachant que l'Allemagne s'armait, retarder la conversion de sa mobilisation partielle en mobilisation générale ».

A la même date, l'Allemagne décrétait « l'état de danger de guerre » qui lui permettait de jeter le masque, de proclamer l'état de siège, de suspendre certains services publics et de fermer officiellement la frontière (ce qui, en somme, était déjà fait). M. de Jagow en informait M. Jules Cambon. M. de Schœn venait le dire au quai d'Orsay, en nous demandant ce que nous ferions en cas de conflit entre son pays et la Russie.

Le gouvernement de Berlin s'enquérait, en même temps, à Londres, de ce que ferait la Grande-Bretagne. Sir Edward Grey répondait « que l'Angleterre ne pourrait rester neutre dans un conflit général, et que; si la France y était impliquée, l'Angleterre y serait entraînée ».

Questionnés à Bruxelles sur nos résolutions en ce que concernait la neutralité belge, nous donnions l'assurance que nous respecterions le territoire de ce noble pays. Le gouvernement du roi Albert nous répondait « qu'il avait toujours pensé qu'il en serait ainsi » et nous adressait ses remerciements.

C'est une dépêche de M. Klobukowski relatant ce fait qui clôture la seconde partie du *Livre Jaune*.

V. — *Double déclaration de guerre par l'Allemagne.* — Les mesures de mobilisation générale en Allemagne et en Autriche ne pouvaient pas ne pas entraîner des mesures correspondantes en France. C'était, pour nous, une question de salut. Aussi prenions-nous toutes les précautions indispensables. Il le fallait d'autant plus que le 1ᵉʳ août nous saisissions un message envoyé d'Allemagne par la télégraphie sans fil et donnant le signal de la mobilisation générale.

A la même date, M. de Schœn annonçait son départ au ministère des affaires étrangères, en demandant « qu'on veuille bien prendre des dispositions pour sa personne » et « mettait en sûreté les archives de son ambassade ».

Nous n'en persévérions pas moins nos tentatives de conciliation. Notre ambassadeur à Berlin faisait « un pressant appel aux sentiments d'humanité » de M. de Jagow. Nos troupes étaient retenues à dix kilomètres de notre frontière, avec interdiction de s'en rapprocher davantage.

Mais le 2 août, nous étions obligés de décréter la mobilisation générale, sous peine d'être hors d'état de pourvoir à notre défense. Nous avions renouvelé la veille l'engagement de respecter la neutralité belge. L'Angleterre avait fait de même. *L'Allemagne, interrogée par le cabinet de Londres, s'était dérobée. « Je doute qu'une réponse puisse* être donnée, avait dit M. de Jagow, *car l'Allemagne ne peut ainsi découvrir ses projets militaires.* »

A Rome, le marquis de San Giuliano avait déclaré à l'ambassadeur de Guillaume II « que la guerre entreprise par l'Autriche et les conséquences qui peuvent en ressortir ayant une portée agressive et étant en contradiction avec le caractère purement défensif de la Triple-Alliance, l'Italie ne pourrait participer à la guerre ».

C'était, en effet, la guerre qui allait commencer, aucun doute n'était plus possible. Le jeu des deux empires germaniques, provocateurs de la catastrophe en vue de laquelle ils se préparaient de longue date avec la plus noire perfidie, allait être désormais d'essayer, par des procédés enfantins, de rejeter l'écrasante responsabilité de leur agression sur la Russie et sur la France. Après avoir annoncé son départ, M. de Schœn restait à Paris. Son collègue d'Autriche-Hongrie, le comte Szecsen, ne paraissait pas vouloir en bouger. L'un et l'autre continuaient à se montrer dans les cercles des boulevards. Ils y prenaient leurs repas au moment même où (le 2 août) l'Allemagne déclarait la guerre à la Russie, malgré les négociations en cours et malgré l'affirmation de l'Autriche qui se disait prête à discuter avec les puissances « le fond de son conflit avec la Serbie ». Ils y faisaient leur partie de bridge à l'heure où notre frontière était violée sur trois points : entre Delle et Belfort, devant Cirey, au nord et au sud de Longwy.

La tactique puérile des deux puissances allemandes était de nous mettre dans l'obligation de renvoyer leurs ambassadeurs. Elle ne put aboutir avec M. de Schœn qui, le 3 août, se vit dans la nécessité de demander lui-même ses passeports. En dépit de toute l'impudence allemande, il était devenu impossible au gouvernement de Berlin de maintenir son ambassadeur de France tandis qu'il faisait assassiner nos soldats sur notre territoire. Il avait, d'ailleurs, trouvé pour nous déclarer la guerre, des prétextes tellement stupides que la plume se refuse presque à les mentionner. En partant, M. de Schœn, qui en avait honte lui-même, nous signalait que « des aviateurs français avaient essayé de détruire des constructions militaires en Westphalie et jeté des bombes près de Karlsruhe et de Nuremberg ! »

Tout cela, parce qu'il fallait bien trouver quelque chose pour déterminer « l'attaque foudroyante » qui devait, en quinze jours — ni plus ni moins — conduire les armées allemandes à Paris ! Et, en effet, l'attaque s'organisait. Le 3 août, la neutralité belge était violée sous le prétexte aussi odieux que mensonger « que les Français se préparaient à des opérations dans les régions de Givet et de Namur ». En même temps, le gouvernement de Berlin suppliait littéralement celui de Londres « de lui dire que la neutralité de l'Angleterre ne dépendait pas du respect de la neutralité belge ». Sir Edward Grey « se refusait à toute conversation sur ce sujet » (dépêche de M. Paul Cambon en date du 3 août) et, le lendemain, le gouvernement anglais mettait l'Allemagne en demeure de respecter le territoire de la Belgique sous peine de se trouver en guerre avec la Grande-Bretagne. L'Allemagne continuait à attaquer la Belgique, et la guerre lui était déclarée par le cabinet anglais.

Pour compléter le résumé des faits contenus dans le *Livre Jaune*, il ne me reste qu'à mentionner le rapport de M. Jules Cambon sur les conditions de son retour de Berlin à Paris. Il était dit que, jusqu'à la dernière heure, l'Allemagne donnerait au monde le spectacle de ses violations du droit des gens. Pendant que M. de Schœn quittait tranquillement Paris, où il avait vécu jusque-là dans une sécurité parfaite et où le comte Szecsen devait rester jusqu'au 13 août, M. Jules Cambon se voyait signifier par un ancien conseiller de l'ambassade allemande en France l'interdiction de prendre ses repas dans les restaurants de Berlin. Alors que nous faisions reconduire l'ambassadeur d'Allemagne dans son pays par la voie directe et avec tous les égards qu'imposent les règles de la courtoisie diplomatique, notre ambassadeur à Berlin ne pouvait obtenir de rentrer en

France ni par la Hollande, ni par la Belgique, ni par la
Suisse. On exigeait qu'il partît par le Danemark, on ne lui
laissait aucune liberté, on le traitait en prisonnier, on lui
infligeait un voyage d'une lenteur extrême; on le mettait
sous la surveillance d'un fonctionnaire de la police, on le
plaçait, pendant la traversée du canal de Kiel, entre des soldats le revolver au poing et le doigt sur la gâchette, on
fermait les portes et les fenêtres de son compartiment avec
défense de faire un mouvement, on ne lui fournissait aucun
repas, ni à lui ni à son personnel, on lui faisait payer en or
le train qui le conduisait à la frontière danoise. « Votre
Excellence, écrit M. Cambon en rendant compte de ce trai-
tement, jugera s'il ne serait point utile, au point de vue
moral, de faire connaître à l'opinion, en Europe et en Amé-
rique, les procédés dont l'ambassadeur de la République a
été l'objet. »

*
**

Ainsi, du commencement à la fin de cette douloureuse et
sinistre histoire, rien n'aura manqué à l'infamie des procédés allemands.

Dès le mois de mars 1913, l'Allemagne était résolue à
faire la guerre; le plan de campagne de son état-major
était prêt; elle rêvait de susciter une révolution dans
l'Afrique du Nord; elle était décidée à violer la neutralité
de la Belgique et, s'il le fallait, celle de la Hollande; elle se
croyait sûre de la victoire et voulait nous prendre « le
comté de Bourgogne » et ce qui nous reste de la Lorraine;
elle avait pour objectif de « nous contraindre à l'attaquer »..

Quand, au mois de juin 1914, l'archiduc-héritier d'Autriche et sa femme furent assassinés à Sarajevo, le gouvernement austro-hongrois en profita pour adresser à la Serbie
un ultimatum qui, maintenu dans son esprit et dans son
texte, ne laissait place à aucune entente possible; cette
mesure fut prise dans le plus grand mystère et contraire-
ment aux assurances conciliatrices qu'on répandait à

Vienne comme à Berlin ; l'Allemagne refusa, malgré toutes les instances, de se prêter à aucune démarche pacifique auprès de son alliée ; tout au contraire, elle ne cessa de préparer sa mobilisation tandis qu'elle essayait de nous compromettre dans une négociation avec la Russie, dont le résultat unique aurait été de nous séparer du gouvernement de Pétersbourg ; elle entreprenait, en même temps, d'endormir la Russie afin de gagner sur elle tout le temps nécessaire pour la surprendre en pleine mobilisation ; elle faisait offres sur offres à l'Angleterre pour obtenir d'elle, par les plus insidieuses et les plus cyniques promesses, son abstention dans le conflit qu'elle était résolue à provoquer.

Le jour où elle fut acculée à la déclaration de guerre, ses premiers actes furent la violation de deux traités revêtus de sa signature : celui du 11 mai 1867, qui garantissait la neutralité du Luxembourg, et celui du 15 novembre 1831, qui garantissait la neutralité de la Belgique. Le nombre incalculable de violations du droit des gens, qui ont été depuis commises par elle, s'ajoute à ce bilan, qui aurait déjà suffi pour la déshonorer devant le monde entier. — S. PICHON.

Dépêches officielles

Premier Communiqué

Dans la région au sud d'Ypres (Saint-Eloi), une attaque ennemie dirigée contre une tranchée conquise par nos troupes dans la journée a été repoussée. Notre artillerie a endommagé un groupe de trois batteries de gros calibre.

A Vermelles, le château et son parc, deux maisons du village et des tranchées ont été brillamment enlevés par nous.

Canonnade assez vive aux abords de Fay (sud-ouest de Péronne).

Dans la région Vendresse-Craonne, bombardement violent auquel notre artillerie a riposté avec succès en détruisant une batterie.

En Argonne, une attaque allemande, dirigée contre Fontaine-Madame, a été refoulée et nous avons réalisé quelques progrès (enlèvement d'une tranchée dans le bois de Courtes-Chausses et d'un petit ouvrage à Saint-Hubert).

Sur les Hauts-de-Meuse, en Woëvre et dans les Vosges, aucun événement à signaler.

Deuxième Communiqué

En Belgique, violent bombardement de Lampernisse, à l'ouest de Dixmude.

Dans l'Argonne, l'ennemi a fait sauter à la mine le saillant nord-ouest du bois de la Gruerie; dans l'ensemble, nous affirmons et développons nos progrès sur cette partie du front.

En Alsace, nos troupes ont enlevé Aspach-le-Haut et Aspach-le-Bas, au sud-est de Thann.

Sur le reste du front, rien à signaler.

---

3 DECEMBRE 1914

Occupation de la gare de Burnhaupt (Alsace), par les Français. — Violents combats en Belgique. — Un aviateur jette des bombes sur les ateliers Krupp à Essen. — Le prince de Bülow est nommé ambassadeur à Rome.

Situation des armées sur le front occidental

Décidément, le gros effort allemand tant annoncé se fait trop attendre pour qu'il ait quelque chance de succès, et si notre état-major n'était pas mieux renseigné que nous le sommes nous-mêmes d'Amsterdam ou de Copenhague, il serait à plaindre. Chaque jour, le communiqué officiel est attendu avec la plus grande impatience et chaque jour il nous annonce invariablement: en Belgique, canonnade assez vive, ou calme relatif, ou bien encore une attaque de l'ennemi a été repoussée. Nous sommes heureux de la résistance de nos troupes et des bonnes dispositions prises par le commandement, nous en sommes même fiers, mais notre inquiétude ne sera réellement calmée que lorsque nous saurons laquelle de toutes ces informations contradictoires est la vraie.

120.000 Allemands sont concentrés à Ypres en vue d'une attaque, annonce le correspondant du *Daily Mail*, le kronprinz en personne a pris le commandement de cette armée pour un assaut contre cette vieille cité flamande dont il veut s'emparer coûte que coûte; nos cœurs palpitent en songeant que nos vaillants soldats sont là-bas, dans les tranchées, prêts à la résistance héroïque. Et voilà pourquoi nous avons tant hâte de savoir. Il faudra peut-être attendre de longs jours encore avant d'être fixé sur l'intention de nos terribles ennemis. Attendons.

Dans la journée d'hier, nous disent les communiqués officiels, nous avons occupé Lesmenil et le signal de Xon; dans les Vosges, nous avons enlevé la Tête-de-Faux, au sud du village du Bonhomme, qui servait d'observatoire aux Allemands. Ce sont des opérations qui paraissent modestes, surtout si on tient compte du laconisme avec lequel elles sont annoncées, mais en réalité elles ont une importance indiscutable.

C'est surtout en Alsace que nous avançons depuis quelques jours, après Aspach-le-Haut et Aspach-le-Bas, nous avons occupé la station de Burnhaupt.

Le Président de la République est rentré à Bordeaux aujourd'hui, à neuf heures, revenant de son voyage aux armées.

F. B.

Nouvelles diverses publiées par les journaux

— Un décret va paraître très prochainement à l'*Officiel* convoquant les Chambres en session extraordinaire, à Paris, pour le mardi 22 décembre.

— *En Russie.* — La lutte continue toujours en Pologne, plus ardente que jamais et sans qu'un résultat définitif ait été obtenu par les Russes; cette situation est due aux renforts reçus par les Allemands, renforts qui leur ont permis de dégager quelques corps d'armée. Néanmoins, l'agence Fournier relate que 300.000 Allemands auraient été mis hors de combat, tant en tués que blessés ou prisonniers. On annonce également, mais sous toutes réserves, que le général Rennemkampf aurait été relevé de son commandement parce qu'il mit deux jours de retard pour prendre la position que lui assignait le plan de concentration qui devait aboutir à cerner les Allemands.

— On annonce de Sofia que les forces turques concentrées entre Enos, Andrinople, Kirk-Kilissé et la frontière bulgare s'élèvent à 300.000 hommes pourvus d'une puissante artillerie. Ils sont répartis en deux armées.

— Un télégramme reçu à Londres fait connaître que les Autrichiens sont entrés dans Belgrade évacué par les Serbes. La retraite serbe était déjà annoncée depuis hier. En présence de forces autrichiennes considérables, l'armée serbe a cru prudent de se retirer dans le pays montagneux où elle peut offrir une grande résistance et attendre certains événements qui ne sauraient tarder à se produire.

Documents historiques, récits et anecdotes

— UNE EMBUSCADE SUR LES BORDS DE L'YSER. — Les ordres du kaiser étaient formels : il fallait, à tout prix et coûte que coûte, s'emparer de Calais. L'empereur des barbares en avait ainsi décidé.

Ce jour-là, c'était le 2 novembre, notre état-major, prévenu par des renseignements précis, savait qu'une attaque plus violente que les précédentes devait être tentée avec l'aide de la fameuse garde qui allait, cette fois, se livrer un passage afin d'arriver à son but.

Un aumônier français, — était-ce bien un aumônier ? — de haute taille et à la longue barbe blanche, avait longuement conversé avec le chef d'état-major de la division. Depuis minuit, de nombreux mouvements de troupes s'étaient effectués. Tout était prêt : l'ennemi pouvait venir.

La nuit s'achève, froide et pluvieuse. On n'entend aucun bruit. Sans méfiance, l'ennemi approche, plein de confiance dans les indications de l'espion, déguisé en aumônier, qui, contre une très grosse somme d'argent lui a fait connaître le point faible de la défense des alliés sur les bords de l'Yser. La garde est en tête, des corps d'armée saxons et bavarois la suivent.

Les armées alliées sont absolument invisibles et laissent avancer l'ennemi. Tout à coup une fusillade très vive éclate subitement et les balles viennent pleuvoir de flanc sur les dragons de la garde qui tentent d'abord une résistance bientôt transformée en panique.

Le gros des escadrons fait volte-face et dans le plus grand désordre les hommes prennent le galop du côté de Lettenberg. Plus de 200 chevaux, pris d'épouvante, se jettent dans l'Yser, entraînant leurs cavaliers. Les chasseurs alpins et les régiments d'infanterie aussitôt s'élancent, s'approchent du bord et se mettent à tirer sur les dragons de la garde. Les cheveaux sont entraînés par le courant. Les hommes sont atteints; ils tombent dans l'eau, essayent de nager, de se rattraper à la crinière des chevaux, aux étrivières, et, finalement, disparaissent pendant que les chevaux continuent à descendre. Une trentaine de dragons cherchent à traverser à la nage, mais quand ils entendent siffler au-dessus de leurs têtes les balles de nos adroits chasseurs, ils s'arrêtent et retournent, et les plus heureux parmi eux sont ceux qui parviennent à se rendre avant qu'une balle leur ait troué la peau.

Les chasseurs alpins, qui avaient fait près de 900 prisonniers, la plupart appartenant à la garde impériale, les emmenèrent et remontèrent du côté de Stayvekenskerke, tandis que les divers corps de l'armée allemande repoussés avec vigueur enregistrent une nouvelle défaite.

— COMPOSITION DES ARMÉES ALLEMANDES. — Contre la France opèrent les 1re, 2e, 3e, 4e, 5e, 6e, 7e armées, plus 4 détachements d'armée.

En Belgique, la 4e armée, sous les ordres du duc de Wurtemberg, comprend une division de marins et 5 corps de réserve.

En Belgique également, mais se prolongeant jusqu'à Bapaume, la 6e armée, commandée par le kronprinz de Bavière, comprend 5 corps actifs et la valeur de 2 corps et demi de réserve.

La 2e armée (général von Bülow), au sud de la précédente, comprend 4 corps actifs et 1 corps et demi de réserve.

La 1re armée (général von Kluck), comprend à la gauche de l'armée de Bülow 3 corps actifs et 2 corps et demi de réserve.

La 7e armée (général von Heeringen), entre Laon et Reims, compte 3 corps actifs, 2 corps et demi de réserve et une brigade de landwehr.

La 3e armée (général von Einem) dispose de la valeur de 2 corps actifs, 3 corps et demi de réserve, 3 brigades de landwehr.

Plus à l'Est, la 5e armée (kronprinz) comprend 2 corps actifs, 2 corps et demi de réserve, 2 corps de landwehr.

Sur les côtes de la Meuse, le détachement d'armée du général von Strantz compte 2 corps actifs et environ 1 corps et demi de réserve.

Enfin, sur la Moselle, à la frontière suisse, on trouve la valeur d'un corps de réserve et 10 brigades de landwehr.

Face aux armées russes, l'Allemagne dispose de 4 armées ou détachements d'armées, dont la composition, qui a souvent varié au cours des opérations, était, il y a dix jours, la suivante:

La 8ᵉ armée (général von Schubert) comprend 1 corps actif, 1 division de réserve et la valeur de 2 corps de landwehr.

Plus au Sud, dans la région Soldau-Thorn, 3 corps de réserve et la valeur de 3 corps de landwehr et d'une division de landsturm.

Entre la Vistule et la Wartha, 3 corps actifs, 3 corps et demi de réserve.

A la frontière silésienne, 3 corps et demi, 30 divisions territoriales.

— EXPLOITS DE DIRIGEABLES. — *Locomotives anéanties; dépôt de munitions détruit.* — Il y a de cela environ trois semaines, les Allemands avaient accumulé en gare de Ter-gnier, un des plus importants points stratégiques du réseau du Nord, un grand nombre de locomotives et de matériel roulant servant au transport de leurs approvisionnements.

En pleine nuit, un dirigeable français survola la gare, s'arrêta, descendit à faible hauteur et laissa tomber sur la rotonde des machines plusieurs bombes qui détruisirent la plus grande partie de ce matériel.

De nouvelles bombes firent sauter les voies du chemin de fer et quelques autres détruisirent le viaduc reliant Ter-gnier aux voies ferrées se dirigeant vers l'Est.

Quelques jours plus tard, le communiqué officiel disait: « Canonnade moins violente dans la région de Roye et Las-signy ».

C'était là le résultat du voyage de l'aéronat français qui avait arrêté le réapprovisionnement des batteries prussiennes.

Autre fait: au cours d'une de ses randonnées, un diri-geable avait remarqué un important dépôt de munitions et subsistances, très en arrière des lignes allemandes, quelques bombes bien placées et le dépôt était anéanti.

Des exploits semblables ont été accomplis en maints endroits du territoire occupé, notamment à Saint-Quentin et à Laon.

Bref, nos dirigeables font du travail, d'excellent travail.

— COMMENT FUT CAPTURÉ UN AÉROPLANE ALLEMAND. — On raconte qu'un aviatik avait été capturé près de Reims il y a quelques jours. C'est le capitaine d'artillerie P. de Chabret du Rieu qui eut la bonne fortune de s'emparer de l'avion allemand et des aviateurs. Il raconte ainsi l'aventure :

« J'ai capturé deux officiers allemands aviateurs et leur avion au moment où ils allaient repartir. C'est grâce à la vitesse de mon cheval que j'ai pu faire ce petit coup de main. Il paraît que la capture est importante, car l'appareil est tout neuf et en partait état. L'officier m'a remis son épée. On m'a dit que c'est le premier avion que notre armée capture en parfait état; les autres étaient tous plus ou moins brisés, soit par des projectiles, soit par la chute.

« Mes deux Alboches ont manqué de vivacité, car, avec un peu de présence d'esprit, ils pouvaient m'occire et s'envoler. »

— 150 SOLDATS FRANÇAIS DERRIÈRE LES LIGNES ALLE-MANDES DEPUIS LE 23 AOUT. — Les journaux ont raconté, il y a peu de temps, l'odyssée d'une compagnie de soldats français enfermée dans les lignes allemandes au début de septembre, lors de la retraite des alliés sur la Marne, compagnie qui erra dans les bois des départements des Ardennes et de la Meuse, et dont deux survivants parvinrent en octobre à regagner les lignes françaises. Voici une aventure du même genre, peut-être plus extraordinaire encore, car à la différence de celle-là celle-ci dure toujours.

Depuis le 23 août, un groupe de 150 soldats français a réussi à se maintenir dans les forêts des Ardennes et du Luxembourg belge, en arrière des Allemands, contre qui il a réussi de nombreux coups de main d'une audace extraordinaire, infligeant à l'ennemi des pertes sérieuses. L'autorité allemande, de guerre lasse, a fait apposer dans tous les villages, au sud des deux provinces belges de Namur et de Luxembourg, une affiche conçue en ces termes:

« Soldats français,

« Nous savons où vous êtes. Nous connaissons vos forces. Dans votre intérêt, il vaut meux que vous vous rendiez, et nous vous promettons, en ce cas, que vous aurez tous les honneurs des armes.

« Seulement, sachez que vous exposez les populations et que nous avons interdit à toutes les fermes, moulins et maisons de paysans et de particuliers de vous ravitailler, et qu'en cas d'infraction nous les fusillerons. »

Le moyen eut un effet inattendu. Le lendemain, à Beauraing, sur l'affiche allemande, une main audacieuse avait écrit en gros caractères cette simple phrase, fière et brève comme le défi du guerrier antique: « Puisque vous savez où nous sommes, venez donc nous prendre. »

— LA NOUVELLE BOMBE DE NOS AVIONS. — D'après le *Weckly Despatch*, M. Maurice Schwob, du *Phare* de Nantes, rapporte que les aviateurs français et anglais viennent d'être pourvus d'une nouvelle bombe dont les effets sont terrifiants.

Il s'agit d'une bombe d'air: « Un extrême froid est produit au moment de l'explosion, froid si intense — raconte un aviateur — que je l'ai senti moi-même quand j'ai lancé ma première bombe d'une hauteur d'environ 300 mètres.

« Elle est tombée sur une section allemande au bivouac dans un champ.

« J'estime qu'au moins trente hommes étaient tués dans son rayon d'action, et s'ils avaient été plus serrés, leurs pertes auraient été bien plus considérables.

« Ces bombes tuent instantanément par l'extrême froid et le choc.

« Elles ressemblent, quant à leurs dimensions et leur poids, aux bombes de dynamite employées auparavant avec grand effet.

« La matière dont elles sont remplies est simple, peut être transportée à n'importe quelle base, et la bombe préparée par l'aviateur ou son aide avant le départ. »

M. Maurice Schwob ajoute qu'il est en mesure de confirmer ce récit sur tous les points.

L'inventeur est un Français, membre de l'Institut, et les expériences durent depuis plusieurs mois. Il a fallu vaincre les résistances de la routine.

Mais, maintenant, tout est au point, et notre service d'aviation est en possession d'une arme incomparable, de même que notre service d'artillerie a été renforcé par un nouveau canon puissant qui fait merveille et apporte au 75 un concours précieux.

Enfin, il est possible qu'avant longtemps nous disposions des moyens de rendre intenables les tranchées de nos adversaires.

L'heure des surprises approche peut-être. Mais sachons l'attendre avec patience et confiance. Le temps reste notre allié le plus sûr.

Dépêches officielles

Premier Communiqué

En Belgique, canonnade assez vive contre Nieuport et au sud d'Ypres.

L'inondation s'étend au sud de Dixmude.

De la Lys à la Somme, violent bombardement d'Aix-Noulette, à l'ouest de Lens.

Calme sur tout le front de la Somme à l'Aisne et en Champagne.

Dans l'Argonne, plusieurs attaques de l'ennemi ont été repoussées et nous avons légèrement progressé.

En Woëvre, l'artillerie allemande a montré une certaine activité, mais avec des résultats insignifiants.

En Lorraine et dans les Vosges, rien d'important à signaler.

Deuxième Communiqué

Les seules nouvelles intéressantes se rapportent à notre aile droite et à la journée du 2.

Sur la rive droite de la Moselle, nous avons occupé Lesmenil et le signal de Xon.

Dans les Vosges, nos troupes ont enlevé la Tête-de-Faux (au sud du village du Bonhomme) qui domine la crête frontière et servait d'observatoire aux Allemands.

En Alsace, la station de Burnhaupt a été occupée et nous nous installons sur la ligne Aspach-Pont d'Aspach-Burnhaupt.

---

4 DECEMBRE 1914

Des aviateurs français jettent des bombes sur la gare de Fribourg (Allemagne). — Violente bataille et succès français près de Thann. — Nouveau bombardement de Reims. — Entrevue, sur le front, du roi d'Angleterre et du roi de Belgique.

Situation des armées sur le front occidental

Le laconique télégramme officiel d'aujourd'hui nous annonce une violente canonnade en Belgique avec attaque de l'infanterie allemande, qui a essayé, sans succès, de gagner du terrain; il ajoute que dans la journée du 2 décembre, nous avons fait 991 prisonniers dans la région du Nord. A lire ce communiqué, il semble que nous assistons dans ce Nord à des combats d'une importance secondaire qui découle tout naturellement de la légère offensive que nous avons dessinée depuis peu de jours. Mais les journaux ne sont pas aussi discrets et leurs correspondants n'hésitent pas un seul instant à nous affirmer que les hostilités sont reprises avec une intensité très grande et que la bataille des Flandres est engagée à nouveau sur tout le front; ils ajoutent du reste que nos positions sont suffisamment renforcées pour parer à toute éventualité. Des forces allemandes importantes ont été amenées sur l'Yser au moyen d'automobiles, de trains et de véhicules de toutes sortes, et leur front s'étend jusqu'à Mariakerke. Des canons sont pointés vers la mer. Les Allemands veulent-ils à nouveau essayer de franchir l'Yser? On le croirait, en raison des dispositions prises pour riposter à une attaque par mer.

En Alsace, notre avance se continue et nous nous sommes considérablement approchés d'Altkirch.

F. B.

Nouvelles diverses publiées par les journaux

— On annonce la mort de l'aviateur Marc Poupe et du lieutenant Vauglin, victimes d'un accident d'aéroplane dans la vallée de la Somme.

— Un télégramme de La Haye annonce que le bruit court à Berlin qu'un aviateur étranger a survolé, le 2 décembre, les usines Krupp, à Essen, et a jeté des bombes sur la galerie des canons. L'étendue des dégâts est inconnue. L'aviateur s'est retiré sain et sauf. Il y a lieu d'accueillir cette nouvelle sous toutes réserves, tellement l'entreprise paraît téméraire.

— Le *Journal officiel* publie un décret aux termes duquel les tableaux de recensement de la classe 1916 devront être dressés, publiés et affichés, le 3e dimanche de décembre 1914 au plus tard.

— Un télégramme de Londres annonce que des manifestations anti-allemandes se sont produites à Valparaiso. Des pierres ont été jetées contre les navires allemands, le consulat et la banque. Cette manifestation a été causée par la violation, par les navires de guerre allemands, de la neutralité chilienne.

— *En Russie.* — La *Gazette de la Bourse* annonce que la bataille de Lodz est virtuellement terminée et d'une façon brillante pour les Russes. Les banques et les manufactures de Lodz ont repris leurs travaux.

— *En Egypte.* — Les contingents de l'Australie et de la Nouvelle-Zélande sont débarqués en Egypte pour aider à la défense du pays.

Documents historiques, récits et anecdotes

— LA BATAILLE DE CHARLEROI. — La *Liberté,* de Paris, publie le récit rétrospectif suivant:

« Au 21 août, le nord et le centre de la Belgique sont envahis, et cependant la Meuse, avec ses remarquables défenses naturelles, forme toujours, de Liége à la frontière française, une ligne que n'a pas encore pu franchir l'ennemi.

« Le 24 août, répondant à la note du gouvernement et à la promesse solennelle de la France, le communiqué nous informait que la grande bataille était engagée en Belgique.

« *L'attaque allemande sur Dinant est repoussée.* — A la vérité, elle l'était depuis huit jours déjà. Le 17 août, une attaque allemande contre Dinant était énergiquement repoussée par les divisions des 1er et 2e corps, chargées de défendre les ponts de la Meuse, sous les ordres du général Mangin. Le communiqué officiel du 17 signalait que « les « forces allemandes comprenaient la division de la garde « et la 1re division de cavalerie avec un appui d'infanterie « de plusieurs bataillons et des compagnies de mitrail-« leuses ».

« Arrêtés, puis repoussés par nos troupes sur la ligne Namur-Dinant-Givet, les Allemands remontèrent vers le Nord et prononcèrent une nouvelle attaque entre Namur et Liége. La Meuse, dans cette région, est beaucoup moins difficile à passer qu'entre Namur et Givet: ses bords étant moins escarpés, le génie a vite fait de multiplier les ponts de bateaux. La défense de cette ligne était confiée à l'armée belge, qui s'appuyait à la forteresse de Huy. Seulement, d'une part, les Belges étaient trop peu nombreux pour résister à la masse allemande, d'autre part ils risquaient d'être pris en arrière et complètement enveloppés par les troupes ennemies qui arrivaient sans cesse par le Nord.

« Contraintes de se replier, leur retraite permit aux Allemands de passer la Meuse entre Namur et Liége, et de rejoindre par cette nouvelle route leurs masses du Nord.

« *Les Français se portent en avant.* — Les divisions brillamment commandées par le général Mangin et qui avaient obtenu l'avantage à Dinant, reçurent l'ordre de se porter en avant, à l'ouest de Namur, afin de barrer la route à l'ennemi entre Namur et Charleroi. Elles furent remplacées par une division de réserve du 1er corps, sous les ordres du général Bouttegourd, qui prit à son tour la défense de la ligne Namur-Dinant-Givet.

« Certes, la défense était secondée par les positions naturelles des bords de la Meuse. En outre, on avait pris la précaution de faire sauter tous les ponts, sauf celui de Dinant, qui devait nous être d'un grand service pour la réalisation du plan d'offensive générale. Seulement, étant donné le nombre colossal d'hommes que l'Allemagne allait jeter sur nous, une seule division de réserve, c'est-à-dire de soldats peu entraînés, soutenus par quelques batteries d'artillerie, c'était insuffisant pour garder longtemps la porte de Dinant, si bien qu'elle le fût déjà naturellement.

« Or, si le plan d'attaque tel qu'il avait été conçu, et remarquablement conçu, s'était poursuivi normalement, et si, pour reprendre les termes d'un communiqué, des difficultés d'exécution impossibles à prévoir n'étaient survenues, la division Bouttegourd n'eût pas été immobilisée le long de la Meuse, et, finalement culbutée. Du front Sedan-

Stenay-Longwy, la 4e armée, appuyée à droite par l'armée de la Woëvre, devait monter, en effet, de la frontière française en Belgique et prendre l'ennemi de flanc sur la rive droite de la Meuse. Ces deux armées ne purent avancer aussi rapidement que l'exigeaient les circonstances. « Le terrain des opérations, surtout à notre droite, est « boisé et difficile », disait le communiqué officiel du 24 août. Nos troupes s'y heurtèrent aux troupes allemandes qui étaient arrivées presque en même temps qu'elles en violant la neutralité du grand-duché de Luxembourg pour gagner directement le Luxembourg belge. On ne dira jamais assez non plus à quel point l'Allemagne avait tout préparé pour écraser la France le plus rapidement possible, afin de pouvoir se retourner ensuite contre la Russie. Une quantité de troupes accumulées en vue d'une invasion brusquée et par masses de notre territoire dépassait tous les calculs et toutes les prévisions.

« *La bataille de Charleroi*. — La bataille de Charleroi ne s'engagea pas dans des conditions favorables pour nous. Sur le front de Namur à Mons, les troupes alliées s'échelonnaient de la sorte: à droite, les divisions Mangin, s'appuyant aux forts de Namur, solidement défendus par l'artillerie belge; à gauche et vers Charleroi, le 1er corps, commandé par le général Franchet d'Esperey ; à Charleroi même, les troupes coloniales (infanterie coloniale, tirailleurs algériens et marocains, sénégalais et turcos, qui devaient si brillamment couvrir la retraite; entre Charleroi et Mons, le 3e corps, commandé par le général Sauret, et le 18e corps; enfin, à Mons, l'armée anglaise. L'ensemble de ces troupes formait notre 5e armée et était placée sous le commandement du général Lanrezac. Cette muraille vivante ne s'arrêtait pas toutefois à Mons, comme l'ont prétendu certains publicistes. Toutes précautions avaient été prises pour que, d'un bout à l'autre, notre frontière fût entièrement couverte. C'est ainsi qu'à partir de Mons, ou plus exactement de l'aile droite de l'armée anglaise, des forces

importantes d'active, puis de réserve, et enfin de territo-
riale, s'étendaient le long de la frontière belge, de Tournai
à Dunkerque.

« Les récits anecdotiques de combattants et de blessés
nous ont appris en son temps ce que fut la bataille de
Charleroi, la « grande bataille de Belgique » : l'acharnement
déployé de part et d'autre, l'héroïsme des nôtres, résistant
superbement à l'écrasante supériorité numérique des formidables masses ennemies. Ce qu'on sait moins, c'est qu'à
droite, avec ces chefs admirables que sont Mangin et
Franchet d'Esperey, nous avions gagné la première manche
de la bataille. Entre Namur et Charleroi, nos troupes avaient
l'avantage. Charleroi même fut pris et repris cinq fois de
suite. A gauche, le 18e corps lui aussi tenait bon, mais au
centre, le 3e corps, et à l'extrême gauche l'armée anglaise
durent se replier et céder du terrain. Les troupes de Lille
reçurent alors l'ordre de venir les renforcer. Pourquoi ne
vinrent-elles pas? C'est le mystère qu'éclaircira l'avenir.

« *La retraite s'impose*. — L'aile droite allemande, commandée par von Kluck, se précipita par cette trouée. La
masse allemande déferla comme un ouragan sur la rive
gauche de la Sambre. En face, sur la rive droite, nos troupes opposaient toujours cependant un front dense, tandis
que bien protégée par sa cavalerie, dont on connaît la
valeur, l'armée anglaise, tout en se repliant, gardait le
contact très étroitement avec l'ennemi. Peut-être à ce
moment un retour offensif et l'arrivée de renforts à notre
aile gauche eussent-ils arrêté la ruée des Allemands, car
l'aile droite conservait toujours ses positions avantageuses.
Le fléchissement de la division Bouttegourd, sur la ligne
de la Meuse, nous mit dans l'obligation de les abandonner.
Les Allemands avaient réussi à reprendre Dinant et à franchir la Meuse. Il n'y avait plus qu'à battre en retraite et à
reprendre nos positions défensives. »

Dépêches officielles

Premier Communiqué

En Belgique, canonnade intermittente, assez vive **entre** la voie ferrée Ypres-Roulers et la route Becelaere-Passchendaele, où l'infanterie ennemie a essayé, sans aucun succès, de gagner du terrain.

A Vermelles, nous continuons l'organisation des positions conquises.

De la Somme à l'Argonne, calme sur tout le front.

En Argonne, plusieurs attaques de l'infanterie allemande ont été repoussées par nos troupes, notamment à la **corne** nord-ouest du bois de la Gruerie.

Quelques canonnades en Woëvre et en Lorraine.

En Alsace, rien à signaler.

Deuxième Communiqué

Sur l'ensemble du front, aucun incident notable.

A notre aile droite, nous avons progressé dans la direction et près d'Altkirch.

On rend compte que dans la journée du 2, nous **avons** fait 991 prisonniers dans la seule région du Nord.

5 DECEMBRE 1914

Prise, par les Français, de la maison du Passeur à Poesele (Belgique). — Progrès sensibles des Français en Argonne. — Les succès serbes contre l'armée autrichienne se confirment. — Le roi George rentre en Angleterre. — Le croiseur turc « Hamidieh » est avarié par une mine dans la mer Noire.

Situation des armées sur le front occidental

On apprend aujourd'hui seulement, par la voie des journaux, que les Allemands ont fait, le 2 décembre, une nouvelle et énergique tentative pour franchir l'Yser. Dès le matin, à la faveur de l'obscurité, ils franchirent le terrain inondé sur de grands radeaux portant de 50 à 60 hommes. Les alliés eurent vent de cette tentative et quand le jour parut l'artillerie écrasa complètement radeaux et hommes; malgré leurs pertes, les allemands persistèrent dans leur tentative jusqu'à midi, ils n'abandonnèrent la partie que lorsqu'ils eurent subi des pertes énormes. Les eaux de l'Yser étaient rouges de sang.

En présence d'un tel échec, les allemands semblent, dans cette région, vouloir se renfermer dans une simple défensive et agir sur un autre point.

Il est aisé de croire qu'ils hésitent à prendre une décision car ils attaquent partout et rencontrent sur tous les points du front une résistance qui est pour eux de mauvais augure. Le communiqué d'hier nous signale l'avance des alliés au nord de la Lys et entre Dixmude et Ypres, où nous nous sommes emparés de « la maison du passeur », point stratégique très important.

En résumé notre avance est lente, mais continue.

En présence de l'avance continuelle des français en Alsace, les Allemands ont pris des mesures de protection à Colmar où ils ont installé des pièces d'artillerie devant l'église et la mairie; à Mulhouse, où des quartiers entiers ont été minés; à Strasbourg où des tranchées ont été faites autour de la ville.

Des aviateurs français ont jeté des bombes hier 4 décembre, sur la gare de Fribourg-en-Brisgau, détruisant ainsi une partie de la ligne du chemin de fer, malgré un feu violent dirigé contre eux, les aviateurs sont rentrés sains et saufs.

F. B.

Nouvelles diverses publiées par les journaux

— On annonce qu'un officier allemand du grand état-major est devenu subitement fou et s'est précipité sur le Kaiser l'épée haute, à la suite d'un blâme dont il avait été l'objet pour une faute de tactique commise au cours de la bataille des Flandres. Il a été enfermé dans une maison de santé.

— Le prince de Bülow, ancien chancelier de l'empire allemand, vient d'être nommé ambassadeur à Rome.

— On annonce que le révolutionnaire russe Onipko, qui s'était engagé dans l'armée française vient d'être grièvement blessé sur le champ de bataille.

— Un décret vient de paraître à l'*Officiel,* il autorise le ministre de la guerre à convoquer les hommes de la classe 1887 qui n'ont pas encore été appelés.

— Un télégramme d'Athènes annonce que le 4 décembre les serbes ont repris une violente offensive contre les autrichiens. La bataille se poursuit.

— Le communiqué officiel de l'état-major russe signale que les combats se continuent sans aucun changement important sur le front Ilow-Lowitch et sur le front Lodz-Pétrokow.

L'investissement de Cracovie se resserre de plus en plus et des combats sont livrés autour de la ville. L'invasion des plaines hongroises par les russes recommence et se fait avec rapidité, il est de toute évidence que les russes font tous leurs efforts pour dégager les serbes sérieusement menacés.

— SEPT ÉCHECS ALLEMANDS. — *Opérations du 2 août au 2 décembre 1914 (officiel).* — Le *Bulletin des Armées*, dans son numéro d'aujourd'hui, sous le titre: *Quatre mois de guerre,* publie un important *rapport sur l'ensemble des opérations du 2 août au 2 décembre 1914.*

Tout d'abord, est notée la force de l'adversaire qui nous fait face.

Les forces mobilisées par l'Allemagne sur sa frontière occidentale, d'août à novembre, représentent 52 corps d'armée:

1° 2 août, 21 corps actifs, 13 corps de réserve;

2° Fin août, 4 corps formés de 17 brigades mixtes d'erzatz;

3° Septembre, 8 corps formés de 33 brigades de landwehr;

4° Octobre, 5 demi-corps de réserve de formation récente, 1re division de fusiliers marins.

A ces 52 corps s'ajoutent 10 divisions de cavalerie.

Au moment où la guerre commence, l'Allemagne garde l'espoir d'un coup heureux sur Nancy. Elle n'ose le risquer en présence de la solidité de notre couverture, puissamment renforcée comme on le sait, à la fin de 1913.

Nos échecs d'août. — C'est au nord, comme l'indique la violation de la neutralité belge, que va se jouer la grande partie.

Obligés d'attendre, pour engager cette partie, l'entrée en ligne de l'armée anglaise, qui ne doit avoir lieu que le 20 août, nous prenons aussitôt des dispositions pour retenir en Alsace et en Lorraine le plus grand nombre possible de corps allemands.

En Alsace, notre première attaque, mal conduite, nous mène à Mulhouse, mais ne peut s'y maintenir (7 août).

Une seconde attaque, dirigée par le général Pau, nous y ramène. Le 20 août, nous tenons les accès de Colmar.

Mais, dès ce moment, les événements malheureux de Lorraine et de Belgique nous obligent à restreindre en Alsace le champ et l'intensité de notre effort (26 août).

En Lorraine, notre offensive avait brillamment commencé. Le 19 août, nous avions atteint Sarrebourg, les Etangs, Dieuze, Morhange, Delme, Château-Salins.

Mais, à partir du 20, l'ennemi, fortement retranché sur un terrain très organisé, reprend l'avantage.

Le 22, le 23 et le 24, nous devons nous replier sur le Grand-Couronné de Nancy et au sud de Lunéville.

Le 25, une contre-attaque simultanée des armées Dubail et de Castelnau consolide définitivement notre position.

Que s'était-il, entre temps, passé en Belgique? Sept à huit corps d'armée allemands et quatre divisions de cavalerie, triomphant de la magnifique résistance de Liège, cherchaient à avancer entre Givet et Bruxelles et à prolonger leur mouvement plus à l'ouest,

Dès que l'armée anglaise fut prête dans la région de Mons, nous prîmes l'offensive dans le Luxembourg belge avec les armées des généraux Ruffey et de Langle de Cary. Cette offensive fut immédiatement enrayée avec de grosses pertes pour nous.

A la gauche de ces deux armées et en liaison avec l'armée anglaise, l'armée du général Lanrezac, inquiète pour sa droite, se replie alors (24 août) sur la ligne Beaumont-Givet.

Le 25 et le 26, l'armée anglaise, mise en échec à Landrecies et au Cateau, bat en retraite elle aussi.

De sanglants combats marquent ces journées. L'ennemi fait de grosses pertes, mais gagne du terrain constamment.

A ce moment, la situation est la suivante: ou combattre sur place dans des conditions périlleuses résultant du recul de notre gauche, ou reculer sur tout notre front jusqu'à ce que soit possible, dans de bonnes conditions, la reprise de l'offensive.

C'est à ce second parti que s'arrête le général en chef.

La préparation de l'offensive. — La première condition à remplir, c'est de se retirer en ordre et en attaquant pour affaiblir et retarder l'ennemi.

Plusieurs de ces attaques portent à nos adversaires des coups sensibles.

Telles sont celles de l'armée Lanrezac à Saint-Quentin et Guise, le 29 août, celles de l'armée de Langle sur la Meuse, les 27 et 28, celles de l'armée Ruffey plus à l'est brillamment soutenues de Nancy aux Vosges par les armées de Castelnau et Dubail, dont l'inflexible fermeté va rendre possible notre manœuvre offensive.

Le 5 septembre, les conditions que recherchait le général en chef sont remplies. En effet, notre gauche (armée Maunoury, armée anglaise, armée Lanrezac devenue armée d'Esperey) n'a plus à craindre d'être coupée.

Au contraire, l'armée allemande de droite (général von Kluck), en marchant au sud vers Meaux et Coulommiers, offre son flanc droit à l'armée Maunoury.

Le 5 au soir, le général en chef ordonne l'offensive générale en ajoutant: « L'heure est venue d'avancer coûte que coûte et de se faire tuer plutôt que de reculer. »

La victoire de la Marne. — Le *Petit Parisien* a déjà, et tout récemment, raconté en détail la bataille de la Marne. Le rapport insiste particulièrement sur le rôle joué par l'armée du général Foch qui, du 6 au 9 septembre, subit des assauts répétés; mais le 9 au soir, la gauche de cette armée, se portant d'ouest en est vers Fère-Champenoise, prend de flanc la garde prussienne et les corps saxons qui attaquaient au sud-est de cette localité.

Cette manœuvre audacieuse décide du succès.

La course à la mer. — La poursuite a lieu ensuite qu'arrête, dès le 13 septembre, la résistance allemande, appuyée sur de fortes organisations défensives préparée à l'avance. Une nouvelle bataille commençait.

Dans cette bataille, l'état-major allemand garde l'espoir de tourner notre gauche, comme nous formons celui de déborder sa droite.

Le développement de ces deux efforts caractérise cette phase de guerre.

Il en résulte une lutte de vitesse qui, à la fin d'octobre, prolonge jusqu'à la mer du Nord les fronts en présence : c'est véritablement la « course à la mer ».

Dès le 11 septembre, le général Joffre a orienté contre la droite allemande l'effort de l'armée Maunoury à laquelle, vers le 20 septembre, une nouvelle armée, confiée au général de Castelnau, est adjointe.

Cette armée s'établit fortement dans la région Lassigny-Roye-Péronne, appuyée à sa gauche par les divisions territoriales du général Brugère (21-26 septembre).

Mais, pour atteindre notre but, ce n'est pas encore assez et, le 30 septembre, plus haut que l'armée de Castelnau, c'est l'armée de Maud'huy qui entre en ligne, occupant la région d'Arras et de Lens et se prolongeant vers le Nord pour donner la main aux divisions sorties de Dunkerque.

La barrière est encore trop mince, elle est renforcée par le transport de l'armée anglaise de la région de l'Aisne à la région de la Lys et par l'arrivée de la vaillante armée belge sortie d'Anvers.

Mais ces événements prennent du temps. L'armée anglaise ne pourra entrer en action sur son nouveau théâtre que le 20 octobre. L'armée belge, d'autre part, qui vient de se battre trois mois manque momentanément de munitions.

Le 4 octobre, le général Joffre charge le général Foch d'aller coordonner sur place les opérations des armées du Nord.

Le 18, il met à sa disposition des renforts qui, constamment accrus jusqu'au 12 novembre, vont constituer l'armée française en Belgique, sous les ordres du général d'Urbal.

Tous ces efforts, accomplis avec une « maîtrise incomparable », ont pour résultat la faillite totale de l'attaque allemande dans les Flandres.

L'échec allemand des Flandres. — Il s'agit pour l'attaque allemande, qui va être d'une violence inouïe avec 12 corps d'armée et 4 corps de cavalerie accumulés entre la Lys et la mer et sous la direction de l'empereur, soit de percer en longeant la mer pour atteindre Dunkerque, Calais, Boulogne, soit de percer sur Ypres et d'y proclamer l'annexion de la Belgique.

Le bilan de cette attaque qui dure depuis trois semaines, est pour nous une victoire. De la mer à Dixmude, l'armée belge, le général Grossetti et l'amiral Ronarch ont tenu d'abord la ligne du chemin de fer de Nieuport à Dixmude, ensuite la rive gauche de l'Yser.

L'ennemi qui avait poussé un corps d'armée sur la rive gauche, a dû se retirer. Il n'a jamais pu déboucher de Dixmude.

Plus au sud, de Dixmude au nord d'Ypres, les Allemands qui, le 10 novembre, ont franchi la rivière en deux points, ont été repoussés de l'autre côté, et c'est maintenant le général Humbert qui a, sur la rive droite, les têtes de pont.

A l'est d'Ypres, les généraux Dubois, Balfourier et Douglas Haigh n'ont pas cédé, en trois semaines, un pouce de terrain.

Au sud, où l'attaque allemande a été particulièrement ardente, parce qu'elle visait nos communications, nos troupes et les troupes anglaises ont regagné tout le terrain un moment perdu et s'y sont installées de façon inexpugnable.

L'ennemi, dans la seule bataille d'Ypres, a perdu au moins 120.000 hommes.

Jamais offensive plus soigneusement préparée, plus furieusement menée, n'a subi échec aussi complet.

La guerre de siège de la Lys aux Vosges. — Pendant que

cette grande bataille se livrait en Belgique, la guerre a continué sur le reste du front, prenant le caractère d'une guerre de siège, de tranchée à tranchée, opposant les unes aux autres des organisations défensives également formidables.

Les armées du Nord, Maud'huy et Castelnau, tiennent et affermissent leur front de la Lys à Noyon.

Entre l'Oise et l'Argonne, les armées Maunoury, d'Esperey et de Langle de Cary trouvent en face d'elles des positions très fortes, elles repoussent toutes les attaques.

De l'Argonne aux Vosges, même état de choses.

Dans une première période (13-29 septembre), l'ennemi prend le dessus, s'installe à Saint-Mihiel, pénètre sur les Hauts-de-Meuse et serre de près Verdun.

Dans une seconde période (1er octobre-30 novembre), nous ressaisissons l'avantage.

Nous donnons de l'air à Verdun. Nous fermons à l'ennemi le débouché de Saint-Mihiel. Nous progressons à l'est de Nancy, définitivement à l'abri des obus allemands, au nord de Lunéville, au nord-est et à l'est de Saint-Dié.

En novembre, nous avons reconquis, entre Belfort et la Moselle, la presque totalité du territoire envahi.

Notre situation au 1er décembre. — Quant au nombre, l'armée française est aujourd'hui égale à ce qu'elle était au 2 août, toutes les unités ayant été recomplétées.

La qualité de la troupe s'est infiniment améliorée. Nos hommes font aujourd'hui la guerre en vieux soldats.

Le commandement, renouvelé par des sanctions nécessaires, n'a commis, dans les trois derniers mois, aucune des erreurs constatées et frappées en août.

Notre approvisionnement en munitions d'artillerie s'est largement augmenté. L'artillerie lourde qui nous manquait a été constituée et jugée à l'œuvre.

L'armée anglaise a reçu en novembre de très nombreux renforts. Elle est plus forte numériquement qu'à son entrée en campagne. Les divisions de l'Inde ont achevé leur apprentissage de la guerre européenne.

L'armée belge est reconstituée à six divisions, prête et résolue à reconquérir le sol national.

Le plan allemand a enregistré sept échecs d'une haute portée:

Echec de l'attaque brusquée projetée sur Nancy;

Echec de la marche rapide sur Paris;

Echec de l'enveloppement de notre gauche en août;

Echec de ce même enveloppement en novembre;

Echec de la percée de notre centre en septembre;

Echec de l'attaque par la côte sur Dunkerque et Calais;

Echec de l'attaque sur Ypres.

Dans cet effort stérile, l'Allemagne a épuisée ses réserves. Les troupes qu'elle forme aujourd'hui sont mal encadrées et mal instruites.

Or, de plus en plus, la Russie affirme sa supériorité aussi bien contre l'Allemagne que contre l'Autriche.

L'arrêt des armées allemandes est donc fatalement condamné à se changer en retraite.

Dépêches officielles

Premier Communiqué

Au nord de la Lys, nous avons réalisé de sensibles progrès.

Notre infanterie, attaquant au point du jour, a enlevé d'un seul bond deux lignes de tranchées; le gain a été de 500 mètres.

Partie du hameau de Weidendreft (1 kilomètre nord-ouest de Langemarck) est resté entre nos mains.

En avant de Poesele (à mi-distance entre Dixmude et Ypres), nous avons pris sur la rive droite du canal une maison de passeur vivement disputée depuis un mois.

L'ennemi a tenté sans succès de nous obliger, par une

attaque violente d'artillerie lourde, à évacuer le terrain conquis.

Dans la région d'Arras et en Champagne, canonnades intermittentes de part et d'autre.

Reims a été bombardé avec une intensité particulière. De notre côté, nous avons détruit, avec notre artillerie lourde, plusieurs ouvrages en terre.

En Argonne, la lutte est toujours très chaude. Nous avons enlevé plusieurs tranchées et repoussé toutes les contre-attaques.

En Lorraine et en Alsace, rien d'important à signaler.

Deuxième Communiqué

En Belgique, même activité que la veille. Nous avons consolidé notre situation au nord de la maison du passeur enlevée dans la journée du 4.

Sur le reste du front, rien d'important à signaler.

---

6 DECEMBRE 1914

Combats d'artillerie en Belgique et au sud-est de Varennes. — Un aéroplane allemand jette des bombes sur Hazebrouck. — Les Serbes rejettent les Autrichiens vers Valjevo.

Situation des armées sur le front occidental

La journée d'hier s'est écoulée dans un calme relatif en ce qui concerne les opérations d'infanterie. Seule l'artillerie lourde a continué à tonner, principalement en Argonne et en Champagne. Il est à remarquer du reste

qu'après chaque échec les allemands se vengent en cher-
chant à détruire par le canon villes et villages à leur portée,
sans qu'aucune opération militaire utile paraisse justifier
un semblable procédé.

A signaler cependant un échec allemand sur Veidendreft
que l'ennemi voulait réoccuper et un autre au sud-est de
Varennes où nous avons enlevé quelques tranchées.

Notre offensive se continue donc sur tout le front sans
que les allemands puissent l'enrayer, les opérations sur le
château de Vermelles et sur la maison du passeur, deux
points stratégiques importants qu'ils n'ont pu ni conserver
ni reprendre, en est la meilleure preuve. On dit même que
plusieurs villages belges exposés au feu des alliés ont été
évacués. Le quartier général allemand en Belgique est
maintenant à Thielt, dans la maison du docteur Van de
Walle.

F. B.

Nouvelles diverses publiées par les journaux

— On annonce que le général Galliéni, gouverneur de
Paris, va prendre un commandement sur le front dès la
rentrée officieuse du gouvernement à Paris.

— Le roi d'Angleterre est rentré hier à Londres, retour
de son voyage dans les Flandres.

— M. Lloyd George estime que les frais de guerre occa-
sionnent à l'Angleterre une dépense moyenne de un
milliard par mois.

— La bataille se continue toujours en Pologne russe et
les Allemands déploient une énergie extraordinaire, principalement dans la région de Lodz. Des prisonniers allemands
et autrichiens sont dirigés vers l'intérieur de la Russie ;
dans la journée du 5 décembre, il en est passé 6.000 à
Mensk. Le prince Radziwill, capitaine dans les dragons
russes, a été tué dans les combats autour de Lodz.

Le tsar vient d'ordonner la mobilisation d'une nouvelle

forée de 1.200.000 hommes afin de pouvoir opposer aux allemands en Pologne, deux corps d'armée contre un.

— En Turquie d'Asie, les russes se sont emparés de Saraï et de Baschkal, près d'Erzeroum, après un combat acharné, les turcs ont fui en désordre vers le Van, abandonnant de nombreux blessés et prisonniers et du matériel de guerre.

Dans la mer Noire, le croiseur turc *Hamidieh* a touché une mine et a rejoint Constantinople à grand peine.

Le *Goeben* n'est pas encore réparé, il a été atteint par 15 projectiles. Une tourelle, un canon, une cheminée et une machine ont été avariés, 126 hommes de l'équipage ont été tués.

En Egypte, afin d'assurer la sécurité du canal de Suez, les autorités ont fait rompre les digues, la mer a pénétré dans les terres et par ce moyen, 51 kilomètres de canal et la ville de Port-Saïd se trouvent protégés par une défense naturelle.

Documents historiques, récits et anecdotes

La prise de Vermelles. — Le coup de main réussi par nos grand'-gardes sur Petit-Vinoy nous rendait maîtres de la route de Lens par le sud. Aussitôt connu le résultat de cet heureux engagement, notre état-major décidait une avance de notre front plus au nord, dans la direction de La Bassée. Cette action avait pour objectif le chemin qui débouche sur Lens par le nord-ouest. Depuis le 20 novembre, nous nous étions insensiblement rapprochés des lignes ennemies, chaque jour gagnant quelques mètres, ici cent, plus loin cinquante. De Mazingarbe, nos tranchées avaient été poussées jusqu'au carrefour du Philosophe, à moins d'un kilomètre de Vermelles.

Les défenses de Vermelles. — Le château de ce nom servait encore, il y a à peine quinze jours, de quartier général à la division de cavalerie allemande opérant dans la région du canal de La Bassée. Mais devant l'avance méthodique de nos lignes, l'état-major n'avait pas tardé à se retirer sur Douvrin. Il avait laissé, il est vrai, des souvenirs de son passage. Maintes fois, depuis le début de la guerre, on a constaté que partout où séjourne un état-major adverse, les précautions défensives sont deux fois plus nombreuses qu'autour de n'importe quelle autre position, celle-ci fût-elle le pivot d'action de tout un corps d'armée. MM. les officiers prussiens tiennent à dormir en toute sécurité.

Notre service de renseignements nous avait fourni tous les détails sur les ouvrages exécutés par l'ennemi autour de Vermelles. Un bataillon de landsturm du II° corps bavarois avait été spécialement occupé, trois semaines durant, à mettre en état les alentours du village. Tranchées, fil de fer, chausse-trapes, rien ne manquait. Des galeries avaient été aménagées, permettant la communication à couvert entre les fossés d'avant-poste et le château. Dans le parc, une série de barricades faites d'abatis d'arbres, avaient été disposées sur le front ouest, à seule fin de retarder la marche de nos troupes, en cas d'une surprise, et de donner le temps à l'état-major de fuir par le côté est. Dans le château même, des cachettes avaient creusées sous les caves, de façon que les officiers prussiens pussent s'y réfugier à la moindre menace d'un bombardement par aéroplane. Un vieux paysan que l'ennemi avait contraint à travailler aux terrassements et qui s'était enfui au bout de huit jours, nous avait révélé que le chemin menant au carrefour du Philosophe était miné.

Tout ce luxe de précautions n'était point pour arrêter notre offensive. Néanmoins, notre commandement, ménager de ses troupes, attendait pour faire donner l'attaque générale qu'une occasion divisât les forces de l'adversaire. Cette occasion, nous avions déjà tenté de la faire naître. Nos batteries, en position à Nœux-les-Mines, avaient feint par deux fois d'être démontées par le feu ennemi, chacune de nos batteries se taisant l'une après l'autre pour ne plus laisser tonner qu'une seule pièce, qui elle-même à son tour finissait par faire silence.

Maintes fois cette tactique nous avait permis de provoquer contre nos lignes une attaque de l'infanterie prussienne. Mais soit que la ruse eût été éventée, soit un ordre supérieur de rester sur la défensive, les Allemands ne bougeaient point. Notre commandement, décidé à attirer à tout prix l'adversaire hors de ses ouvrages, s'avisa alors de faire évacuer en plein jour, à quelques centaines de mètres de l'ennemi, nos tranchées de Noyelles.

Une ruse qui réussit. — Le 1er décembre, à dix heures du matin, nous voilà surgissant de terre, à quelques pas des Prussiens. Ceux-ci, qui croient à un assaut de notre part, se garde bien de tirer avant que nous soyons à bout portant. Ce souci de trop bien faire permit à nos hommes de s'éloigner à toute vitesse. Quand les Allemands, revenus de leur étonnement devant cette fuite, s'avisent d'exécuter un feu de salve, il est trop tard. Leur tir ne donne pas de résultats. Nous nous défilons derrière un vallonnement.

Mais cette retraite précipitée n'est qu'une feinte. A l'abri d'un repli de terrain, nous revenons bientôt sur nos pas, tout en obliquant plus au sud jusqu'au ruisseau du Surgeon. La petite rivière est encaissée profondément. Les deux rives à pic nous permettent de nous dissimuler. Nos fantassins entrent résolument dans l'eau jusqu'au genoux. Le lit est irrégulier. Il y a parfois des trous où l'on enfonce jusqu'à la ceinture. On avance tout droit, courbés en deux, de crainte qu'un clapotement attire l'attention des Prussiens.

Dans cette position, nous descendons le cours du Surgeon sur une longueur d'un kilomètre. Cette marche peu banale nous a ramené à hauteur de Noyelles, en avant même des tranchées que nous avons abandonnées, à 500 mètres à peine des premiers ouvrages de Vermelles.

L'un de nous se hausse jusqu'à la rive, et là, blotti à plat ventre dans les ronces, il observe. Il observe un quart d'heure, une demi-heure. Nous stationnons dans l'eau froide, transis, sans pouvoir faire un mouvement. L'ennemi va-t-il se décider enfin? Ou bien nous faudra-t-il refaire le même trajet dans les mêmes conditions, et ce bain forcé aura-t-il été inutile? Mais non. L'abandon de nos tranchées est une tentation trop grande pour les Prussiens.

Les Allemands mis en fuite. — Notre guetteur signale une forte colonne qui débouche de Vermelles. Elle s'avance pour occuper nos anciennes positions. Nous sommes là plusieurs centaines dans le lit du ruisseau, et de toute cette masse d'hommes pas un bruit ne monte, pas un éternuement, pas un cliquetis de baïonnettes. Seul, le bruit de l'eau sur les pierres. Nous attendons. Quand les autres ne seront plus qu'à cinquante mètres, notre sentinelle doit tirer un coup de fusil... Le coup part. Nous bondissons hors de la rivière. Une salve, deux salves, trois salves. C'est l'affaire de quelques secondes. La colonne qui avançait vers nous tout à l'heure, semble s'être évanouie, les survivants fuient dans la direction de Vermelles.

Les fuyards s'engagent sur le chemin du Philosophe. Les forces allemandes restées dans le village, en voyant revenir ce troupeau affolé, perdent tout sang-froid. Voulant arrêter une poursuite des nôtres qu'ils croient arrivant derrière, les occupants du château font sauter les mines. Trop tôt, car il fait sauter en même temps ce qui reste de la colonne en déroute.

La route est libre maintenant. Nos fantassins, franchissant les morts ennemis victimes de leurs propres engins, se précipitent dans la rue principale, arrivent au parc, l'escaladent. L'adversaire, surpris, tente une vaine résistance. Mais notre élan est tel que, culbutés par nos baïonnettes, les Prussiens ne tardent pas à abandonner le château. Nous nous y installons. Nous sommes maîtres de la partie ouest de Vermelles. — (*Petite Gironde*).

Dépêches officielles

Premier Communiqué

En Belgique, non loin de la maison du passeur dont la prise a été signalée hier, notre artillerie lourde a écrasé un fortin allemand. L'ennemi a vainement tenté de nous reprendre Weidendreft.

Sur le reste du front nord, calme absolu.

Il en a été de même dans la région de l'Aisne.

En Champagne, notre artillerie lourde, très active, a contre-battu, avec succès, les batteries de l'adversaire.

Dans l'Argonne, la guerre de sape se poursuit; nous continuons à progresser lentement, repoussant toutes les attaques de l'ennemi. Légère progression également dans la région sud-est de Varennes; l'artillerie allemande y a été réduite au silence.

Sur le reste du front, aucun fait notable à signaler.

Deuxième Communiqué

Rien à signaler.

---

7 DECEMBRE 1914

Nouvelle attaque allemande sur l'Yser, au moyen de radeaux. — Prise du village de Vermelles et de la position du Rutoire. — Progression sensible de nos troupes vers Quesnoy-en-Santerre. — Un aviateur français jette une proclamation sur Anvers.

Situation des armées sur le front occidental

Le communiqué du 7 décembre nous signale un peu plus d'activité dans la région de l'Yser, mais cette activité est le fait de l'offensive des alliés et non des attaques allemandes. Les nouvelles qui nous parvenaient de Hollande et qui laissaient supposer en fin novembre ou commencement de décembre un gros effort allemand sur notre front et probablement dans la région d'Ypres à Arras étaient donc inexactes et tous les mouvements de troupes allemandes n'étaient nécessités que par un changement de front. Il est en effet exact que des troupes fraîches ont été amenées entre la Hollande et l'Yser, mais celles qui défendaient la ligne de l'Yser ont été retirées sur de nouvelles positions et les tranchées de l'Yser sont occupées par de nouvelles troupes après l'échec désastreux du 2 décembre.

Un télégramme d'Amsterdam nous annonce bien encore que les allemands viennent d'expédier de la grosse artillerie et des renforts dans la direction de Saint-Quentin et Noyon, où ils semblent vouloir faire un gros effort, mais il y a lieu de se demander si le gros effort ne se prépare pas plutôt en Pologne et si toutes ces nouvelles, ainsi que les violentes canonnades sur tout le front ne masquent pas une diminution des effectifs. Le généralissime est assurément fort bien renseigné sur toutes ces questions.

En attendant, nous progressons un peu partout. Entre Béthune et Lens, nous avons occupé le reste du village de Vermelles et la position du Rutoire, jusqu'à la voie ferrée. Nous avons avancé également dans la région Rouvroye, Parvillers et le Quesnoy-en-Santerre.

F. B.

Nouvelles diverses publiées par les journaux

— Un incident d'une certaine gravité s'est passé le 3 décembre à Anvers, les allemands s'efforcent de le tenir secret. Une centaine d'officiers de la landsturm ayant reçu l'ordre de partir pour le front de bataille de l'Yser, refusèrent, prétextant que la landsturm était destinée à un service de garde dans les villes et ils ajoutèrent que si l'armée régulière était épuisée, l'Allemagne n'avait qu'à faire la paix. Les officiers rebelles ont été renvoyés dans leurs dépôts où le cas sera jugé.

— Hier, 6 décembre, vers 10 heures, un taube a survolé Bar-le-Duc, obligé de regagner l'Argonne, il a été abattu près de Chaumont-sur-Ain, par l'obus d'un 75.

— Le sous-marin allemand « U-16 » a été obligé de rallier Esbjerg, il avait ses machines avariées.

— Les commandants de recrutement procèdent en ce moment à la répartition du contingent de la classe 1915. Les soldats devront avoir rejoint, pour la plupart, le 19 décembre.

— *En Italie.* — Il ne subsiste plus maintenant aucun doute sur les sentiments de sympathie pour la Triple-Entente. Les déclarations de M. Salandra à la Chambre et les manifestations de la Chambre elle-même en sont la meilleure preuve.

Un télégramme de Rome fait connaître que 120 navires de la flotte militaire Italienne sont au mouillage à Tarente. Ces bâtiments manœuvrent tous les jours.

— *En Russie.* — Aucun incident notable à signaler en Pologne, les combats continuent. Toutes les attaques allemandes ont été repoussées quoique les allemands reçoivent par voie ferrée des renforts considérables.

Guillaume II est rentré à Berlin, il est paraît-il fort enrhumé ? Une flottille de torpilleurs russes de la mer Noire a détruit, près d'Astro, plusieurs bateaux turcs destinés à transporter des troupes et des munitions.

— *En Serbie.* — Au cours de l'offensive que les troupes serbes ont reprise le 3 décembre et qui s'est continuée, les Autrichiens ont abandonné quatre batteries d'artillerie. Ils ont été rejetés sur tous les fronts et ont eu 2.500 prisonniers, dont 20 officiers.

Les négociations en vue d'un rapprochement entre Serbes et Bulgares se continuent par l'intermédiaire du prince russe Troubetskoï. Ce diplomate chargé par le tsar d'une mission spéciale vient de quitter Sofia pour se rendre à Nisch soumettre à la Serbie les desiderata bulgares en Macédoine.

— Un journal de Genève affirme tenir de source sûre que le prince de Thun, gouverneur de Bohême, s'est rendu à la tête d'une députation de la noblesse tchèque auprès du prince héritier d'Autriche, pour le prier d'intervenir en faveur de la paix. Des négociations auraient été ouvertes sur la demande de l'Autriche, puis rompues devant les exigences de la Russie qui demandait:

1° La cession de la Galicie au futur royaume de Pologne sous le sceptre du tsar.

2° La cession de la Bosnie-Herzégovine à la Serbie et au Monténégro.

3° La rupture de l'alliance avec l'Allemagne.

4° La constitution de l'empire Austro-Hongrois en état fédéraliste comportant l'autonomie de la Bohême.

Documents historiques, récits et anecdotes

— 250.000 *Allemands tenus en échec.* — Ici, sur la droite du front allié, Verdun s'élève comme un redoutable bastion, au milieu des collines. Autour de la ville, faisant un grand demi-cercle, 250.000 Allemands (6 corps d'armée) s'étendent sur 110 kilomètres. Ils étaient récemment et sont peut être encore commandés par le kronprinz.

La vaste échelle de cette guerre est vivement perçue ici quand, des hauteurs de Verdun, jetant un coup d'œil sur la plaine immense de la Woëvre, on sait que chaque village, chaque monticule et chaque hauteur de la ligne d'horizon sont défendus par des tranchées, des réseaux de fils barbelés, des batteries et des fusils aux aguets jour et nuit. Et toutes ces dispositions ne sont qu'un détail du grand front de la bataille qui s'étend sur plus de 340 kilomètres, à travers les épaisses forêts de l'Argonne, la plaine de Châlons, les collines de l'Aisne, la vallée de l'Oise et passant au cœur de la grande région des industries minières du Nord vient finir sur les sables de la mer du Nord. Les canons de la flotte anglaise couvrent l'aile gauche comme les canons de Verdun couvrent la droite.

Verdun est d'une telle importance pour la défense du sol français que, si vous y arrivez ici sans une autorisation qu'il est d'ailleurs très difficile d'obtenir, vous courrez bien des chances d'y rester jusqu'à la fin de la guerre. Mais quelques journalistes appartenant aux nations alliées furent introduits ici par des officiers de l'état-major général. Belges, Russes, Français et Anglais désignent également la ligne de bataille qu'ils viennent de visiter comme « nôtre » et celle des Allemands comme « ennemie ». Vous allez de Paris à Verdun aussi aisément que de Londres à Bath. Vous n'êtes arrêté que par le passage de colonnes de ravitaillement qui semblent n'avoir aucune notion du fameux siège dont les Allemands se vantent d'avoir entouré la ville.

Des modernes défenses de la ville, il n'y a que peu de chose à voir, même quand le général commandant vous les montre lui-même. Cette masse au sommet de la colline, que vous ne distinguez de l'ensemble que quand on vous la fait remarquer, est un fort de béton armé recouvert de gazon, là sont des puits, là des murs... Sauf les aéroplanes et les centaines de soldats campés comme les boy-scouts dans les petits « wigwams » de branches ou dans des huttes de terre et de gazon ingénieusement dissimulées dans les bois à flanc de coteau, vous ne vous douteriez pas que vous êtes au milieu d'un paysage de guerre; le coup soudain d'un canon absolument invisible et dirigeant ses obus sur les positions allemandes vous rappelle à la réalité.

— *La réponse à l'explosion de la Caserne de Chauvoncourt.* — Près de Saint-Mihiel, les Allemands ont essuyé un revers positif qui compense dans une certaine mesure les pertes occasionnées aux Français par l'explosion de la caserne de Chauvoncourt. L'objectif des Allemands en minant cette caserne était non seulement de massacrer le

...lus grand nombre de soldats français possible, mais encore de reconquérir le terrain qu'ils avaient perdu en évacuant Chauvoncourt. Mais, grâce à la vigilance de l'artillerie française, les Allemands n'ont pas gagné un pouce de terrain, bien que le 4ᵉ régiment bavarois ait réussi à occuper de nouveau la caserne. Les Allemands devaient être renforcés dans la soirée du 18 novembre par une division d'infanterie de réserve.

Au moment où la colonne traversait la forêt d'Apremont, près du petit bois appelé le Bois-Brûlé, la nouvelle de son approche fut apportée à l'artillerie française par un officier du corps d'aviation. Les Français ouvrirent immédiatement le feu sur la colonne, qui fut obligée de renoncer à sa marche sur Chauvoncourt et de battre en retraite en perdant la moitié de ses effectifs. Ce fut la riposte des Français à l'affaire de la caserne de Chauvoncourt.

— *Un échantillon de la « kultur » teutonne.* — Devant le conseil de guerre du 9ᵉ corps vient de comparaître l'Allemand Henri Poll, âgé de vingt et un ans, étudiant en droit, caporal réserviste au 42ᵉ régiment d'infanterie de l'armée teutonne, qui s'était rendu coupable, le 25 octobre, à Issoudun, de violences envers un Alsacien, Joseph Bringard, vingt-deux ans, marinier à Mulhouse, prisonnier comme lui, sous prétexte que ce dernier était animé de sentiments francophiles.

Bringard porte, en effet, tatoués sur un bras, ces mots : « Vive la France! ». Le caporal Poll avait menacé Bringard de le faire fusiller à leur retour en Allemagne et l'avait frappé.

À l'audience, Poll a nié et a prétendu avoir été, au contraire, victime de la brutalité de Bringard. Il a été formellement démenti par trois témoins.

M. le substitut Raynaud faisait fonction d'interprète.

Après réquisitoire du lieutenant Rault, commissaire du gouvernement, et plaidoirie de M. Le Goff, Henri Poll a été condamné à trois mois de prison.

Dépêches officielles

Premier Communiqué

Dans la région de l'Yser, nous continuons à attaquer les quelques tranchées que l'ennemi a conservées sur la rive gauche du canal.

Dans la région d'Armentières et d'Arras, comme dans celle de l'Oise et de l'Aisne et en Argonne, rien à signaler, sinon, d'une façon générale, la supériorité de notre offensive.

En Champagne, notre artillerie lourde a pris à diverses reprises un avantage très marqué sur l'artillerie ennemie.

Rien de nouveau sur le front est où les positions des jours précédents ont été maintenues.

Deuxième Communiqué

En Belgique, les Allemands ont bombardé Oost-Dunkerque, à 4 kilomètres à l'ouest de Nieuport.

Entre Béthune et Lens, nous avons fini d'enlever le village de Vermelles et la position du Rutoire, à l'est de laquelle nous bordons la voie ferrée.

Avance assez sensible de nos troupes dans la région Rouvroye, Parvillers, le Quesnoy-en-Santerre.

Rien d'autre à signaler.

Le 12ᵉ fascicule paraîtra incessamment.

Réclamer les fascicules précédents.

NIORT. — IMP. TH. MARTIN

www.ingramcontent.com/pod-product-compliance
Lightning Source LLC
LaVergne TN
LVHW021725080426
835510LV00010B/1144